Biblioteca de Derecho Irreverente

Osvaldo R. Burgos
(Director)

Carlos Antonio Agurto Gonzáles
Sonia Lidia Quequejana Mamani
(Coordinadores Generales)

Osvaldo R. Burgos

SERÁ FICCIÓN

De Hamlet, Nietzsche y la (in)justicia del ser representado. El Derecho en la sociedad desestructurada

Ediciones Olejnik

Osvaldo R. Burgos

Ediciones Olejnik
Huérfanos 611, Santiago-Chile
E-mail: contacto@edicionesolejnik.com
Web site: http://www.edicionesolejnik.com

ISBN: 978-956-392-087-1

Diseño de carátula: Ena Zuñiga

Diagramación: Hayden Méndez, yiset_mendez@hotmail.com

Impreso en Argentina 2018 Printed in Argentina

ÍNDICE

Prólogo a la segunda edición

"Sentados en ronda frente al fuego
los hombres exponen su espalda
a los peligros
confiando ciegamente
en la alegría y el calor
de quienes están a su lado.
Más allá de toda tentación de egolatría, no hay un Yo que sea únicamente Él. (...)"

1.- Diez años, diez siglos, diez minutos

Diez años pasaron ya desde que este libro fue escrito. Los textos que lo con/forman, conformándose en su persistente inconformismo, insatisfacción, anhelo, han vivido conmigo y con un grupo de lectores – seguramente no demasiado grande, tal vez demasiado fiel- durante una década.

Sin embargo, como sabemos desde hace tiempo, no se trata de Adanes, de Deucaliones ni de Pirras. Los fabulosos versos de Homero, según afirman con tenacidad algunos de los más eximios lingüistas –George Steiner, por ejemplo- son ya una declinación, una pérdida, un empobrecimiento de los cantos orales y diacrónicamente corales, que precedieron a su primera transcripción. Así en el Derecho como en la Literatura, nadie dice jamás la primera palabra, no hay quien termine de dejar tras de sí los huesos de su origen, los pueblos –y con ellos, sus formas propias de lo injusto, el por/venir inapropiable de sus relatos, lo siempre inapropiado de sus necesidades- jamás han nacido de las piedras.

Es necesario buscar, para encontrarse. O como lo diría Nietzsche –quien no azarosamente está en el subtítulo que contiene a estos textos- y repetiría Vattimo, en términos que algunos nietzscheanos parecen no terminar de entender; *lleva tiempo, demasiado tiempo, llegar a ser lo que se era.* Pero, ¿cuánto es demasiado tiempo? ¿Y qué es lo que se era, y que no siendo todavía se ha dejado irreductiblemente de ser?

Hace diez siglos el príncipe Hamlet, el otro habitante del subtítulo, aquel por quien existe la persona en Occidente –es decir, el sujeto de derecho- según la apreciación exagerada deHazlitt que tanto conforta a Harold Bloom;no existía. Pero tal vez ya estuviera, y diferente de sí mismo fuera antiguo, en la indecisión de Jasón, en la resistencia de Aquiles, en el arrepentimiento de Orestes. Unos y otros vuelven a pasar ahora por aquí, como hace diez años. Y como alguna vez en Elsinore –y antes en Tebas, y antes aún, en cualquiera de los nombres del cuerpo de la Madre primordial- unos *en* otros pasan de nuevo, coincidiendo, implicándose, afirmándose en ecos de rescrituras incompletas y silencios acechantes.

Hace diez siglos, Nietzsche no había parido todavía al Zaratustra. Pero Zaratustra ya había sido, de algún modo, Nietzsche. Legiones de titiriteros y de cadáveres habían alumbrado la intuición de sus leyes.

La cita fue repetida hasta el hartazgo: *la ley nace de los cuerpos que agonizan en el campo de batalla cada amanecer.* Enunciada por Foucault, suena ingeniosa y políticamente atrayente, pero no es cierta. En todo caso, la ley –metonimia inapropiadaaquí, del derecho- nace de la decisión de dar la vida en lugar de dar la muerte; de la imprevista concesión de la gracia de sobrevivir, de *la condolencia del otro de nos, que inaugura la posibilidad de un nos/otros.*

Es simple: cuando un modo particular de entender lo justo se inscribe en el lenguaje, la venganza se suspende. Y en esa inscripción adviene lo humano.

Somos animales jurídicos. U *"homo*(s) *jurídico*(s)*",* como propone el título de un libro de Supiot.

Desde hace diez siglos, diez años, diez minutos; la humanidad del ser solo nos es aprehensible en su representación. Y desde esa condición de ser-representado, nos imaginamos reales en el diferimiento, saltamos incesantemente hacia el vacío de la insalvable diferencia que nos salva, portamos una historia inabarcable de precursores y de promesas.*En un parpadeo de dos milenios y medio,* una vez que pasó, *el pasado se elige.*

Mientras persiste, el yo que actuamos cada vez -como *un torpe actor que se agita en vano sobre el escenario, mientras la vela se apaga y los ayeres se suman,* diría Macbeth- no es más que un gesto.

Un gesto de décadas; sí. Pero solo un gesto. Un resplandor, una declinación, una incompleta anomalía que nos alumbra y nos recibe rasgando la inmensidad del olvido. Una inscripción más en la insistencia del continuo incesante que se resiste a la nada, yendo infinitas veces hacia ella. Un provisorio rastro, al fin, en el empeño persistente de dar vida y dar *la* vida.

Imaginada por la literatura, aprehendida desde el derecho, significada y resignificada en el acaecimiento irrepetible de su múltiple relato, esa persistencia que somos; como supo ver Heidegger aun en las peores circunstancias, hace del lenguaje –y, con más necesidad y deseo, del yo plural que el lenguaje implica- su casa.

Quien cede a la tentación de publicar un libro; y más aún quien reincide en esa misma tentación diez años después,ofrenda así su casa a los lectores. Pero no lo hace en el afán de que pasen simplemente por ella –además, ¿cómo podría asegurarse que un paso es simple, que las huellas que no vemos no están, que lo que no podemos pensar es, de por sí, lo impensable?- sino para que hagan de esa casa, la suya.

En este sentido, escribir es una forma de poner el cuerpo. La letra, cuando de verdad es letra –es decir, derechos arrancados al poder, pensamientos que interrumpen el vacío, literatura que hace trampas a la lengua- incomoda, sangra, pare; se expone.

Nos une y nos reúne, como a los hombres frente al fuego, en la alegría inabarcable de la voz colectiva.

2- Reescribir lo fragmentado, en su lectura única.

El libro, la casa, el cuerpo que estamos compartiendo aquí, en esta celebración irrepetible –porque desde que somos inequívocamente un plural, ninguna lectura es igual a otra- atraviesa cuatro instancias, se inscribe en cuatro huellas, deja un rastro de cuatro pasos.

En el primero *("Ciertas tragedias, mitos y modos de juridicidad")* conviven catorce ensayos cortos que narran una versión posible de algunas perplejidades jurídicas: desde la unicidad múltiple del derecho –constatada por Borges, frente a los dioses y a los trogloditas del río inmóvil; es decir, del espejo- hasta el origen mítico de la caución personal -¿por qué alguien *daría fe,* por otro? ¿Y por qué, además, esa *dación de fe* debiera ser suficiente a fines para los que la propia declaración del deudor no alcanza?- en el adulterio de Afrodita y en la invisible malla dorada de Hefesto.

Por el retorno eterno y diferente de uno en otro, pasan Medea, Kierkegaard, Jesús, Lutero, Heródoto, *Las Bacantes,* Rimbaud y otras innumerables formas de fe. *"Si el ser es solo ser representado, nada más que el relato importa",* dice un texto sobre Etiopía, el arca de la alianza y el valor de verdad de los farsantes. "*La ley es ley porque es, porque se percibe, injusta*" le contesta otro que habla sobre Desdémona y Otelo, Julieta, Romeo, el derecho y el amor. La conversación es infinita, suspendida, indetenible; y esa es su razón de existencia.

El segundo de los pasos, la segunda de las huellas, de las instancias ("*Helena o la belleza como huella de lo pensable")* reúne dos ensayos con una extensión algo mayor.

Ya desde el título y a partir del conflicto por la joven Briseida entre Aquiles y Agamenón –esto es, entre el poder y la fuerza- con el que Homero inaugura el relato de *La Ilíada*; el primero nos habla sobre*la construcción de la norma jurídica en la apreciación del daño y los límites de las cargas de significación.*Y refiriéndose a Aquiles como víctima, nos dice:

- *"La inconmensurabilidad de las cargas de significación que adjudica al daño del cual ha sido víctima solo puede entenderse a partir de sus palabras y en ellas, desde el planteo que envía su conflicto con la juridicidad elegida por el colectivo, hasta el momento anterior al comportamiento arbitrario asumido por el rey –quien es, además, el soberano y el legislador-.*
  A partir de su percepción previa de injusticia respecto al sistema instaurado; un simple incidente –el arrebato de Briseida- es resignificado, por el semidiós, como una afrenta a su preclara individualidad."

El segundo se abre con citas de Camus y deProudhon. Luego, situándose *entre la necesidad de lo jurídico y el deseo de lo justo* –tal es el título de uno de sus parágrafos- se propone pensar la (im)posibilidad de un sistema de rebelión permanente.

Después de Troya, dice. Pero bien podría haber dicho, también, antes de la horda primitiva de Freud -forma escolar y reducida del inverosímil estado de naturaleza de Hobbes- o ahora mismo, en cualquiera de nuestras sociedades occidentales de exclusión y de ritos de exterminio. Veamos y leamos, si no, uno de sus puntos:

- *"a) Toda representación modifica el acontecimiento que la motiva.*

  b) La "verdad" del acontecimiento será solo un "tener por verdadero" en su representación.

  c) Tal "tener por verdadero" es la verdad en la que se agota el acto representativo."

  (…) ¿Quién puede afirmar, exactamente, qué fue lo que ocurrió y que el proceso juzga? ¿Qué es, por lo demás, aquello que no tuvo que ocurrir, para que lo que se juzga acaeciera, efectivamente? ¿Cómo apreciar con certeza lo que no va a pasar? ¿En cuánto incidió lo que nunca pasó para que aquello que se juzga en el proceso, tuviera lugar (y tiempo)?"

El tercero de los juegos, de los trabajos en este cuerpo único está anunciado en el título. *"El derecho en la sociedad desestructurada",* se llama; y en un solo ensayo extenso presenta algunas preocupantes intuiciones de hace diez años que, frente a la fuerza incontrastable de las ocurrencias, suscribo hoy todavía con más ahínco que entonces: ¿Cómo pensar el derecho más allá de la persona y de la voluntad? ¿Cómo abordar, por ejemplo, los daños en la web, donde el *superhombre nietzscheano* regresadeclinante en la amorfa pasividad de lo anónimo? ¿Qué pasa, si lo que ha pasado, es precisamente el tiempo del sujeto de derecho y de su imperio?

Por último, la ofrenda, la invitación, la entrega final del libro *("La (im)probable ocurrencia de justicia en la metáfora de representación –el proceso-")* rescata y reasume la criticada visión del *pensamiento débil*-noción surgida al margen de los grandes relatos de unificación y entre el polvo de su estruendosa caída- para definir al proceso judicial como *"una metáfora de la metáfora"* y proponer la búsqueda –la búsqueda, no la idea, valga decirlo- de una juridicidad del acaecimiento. Retornamos así, casi imprevistamente, a una preocupación del primero de nuestros ensayos cortos: aquel que hablaba de Borges y del río inmóvil de los trogloditas.

La lectura es, según creo, exigente, desafiante, amena. Lo fragmentario es el ser, que es uno y múltiple. Y en esa irrepetible multiplicidad permite tanto un abordaje textualmente discreto –de a un texto por vez, adicionándolos sin un orden preciso y aun eligiendo cuál pasar por alto- como una compleja totalidad inacabada que nos obliga, una y otra vez, a reescribir lo leído. A construirlo, deconstruyéndolo, en una con/versación plural indetenible Tal y como ocurre en la literatura; tal y como debiera ser pensado en el derecho.

3.- AGRADECIMIENTOS.

Es para mí un orgullo y un enorme placer, ofrecerles este cuerpo textual de hace diez años, esta casa que es otra vez la misma, sin el menor agregado, sin ninguna enmienda, sin necesidad de reparaciones.

Las citas de Malraux y de Wu Ming –colectivo anónimo italiano; doble elusión del autor en beneficio del texto- siguen ahí: cada mañana sigue siendo para nosotros la mañana de la entrada de Alarico en Roma; una y otra vez seguimos esperando que el cielo exista, aun cuando no nos espere un lugar en él, aun cuando su magnificencia sea exclusivamente para otros.

Las dedicatorias a mi compañera de vida y a mi hijo querido valen todavía cada letra. La vida conmigo ha sido extremadamente generosa. Y lo sigue siendo.

Muchas veces quise que este momento fuera así; jamás esperé que así sería.

Agradezco enormemente la amistad de Francisco Olejnik –con quien compartimos la aventura de la Biblioteca de Derecho Irreverente- y de Carlos Agurto Gonzáles, cuyo enorme crecimiento profesional tuve y tengo el gusto de ver. Pensamiento, trabajo, travesía latinoamericana en una editorial que ha sentado raíces españolas, por la que *Será ficción* sale al mundo, en una edición inmejorable.

Ahora es tiempo de que el libro –este libro, que durante diez años me deparó, entre otras sorpresas increíbles, la organización de un concurso de investigación jurídica humanista con mi nombre, en un país que no es el que nací ni en el que vivo- se valga por sí mismo. Ahora es su turno.

Porque, como termina constatando el texto poético con cuyo inicio abriéramos estas mismas líneas:

- *" (...) Y un día, sobre el río de sangre, solo persistirá el viento. Otra vez.*
  Entonces unos hombres se sentarán en ronda.
  Y preservando el milagrodel canto colectivo
  soñarán con el fuego."

I.- Ciertas tragedias, mitos y modos de juridicidad

Solo un segundo antes del castigo, cuando acabamos de provocar la ira que todavía no llega, transitamos el tiempo de emoción de la serpiente. Y, en la exacerbación impune del absurdo soy, apenas, un fantasma que mira.

EL INMORTAL

Quien buscaba el río de la inmortalidad, extremaba los límites. Ante la imposibilidad de comunicarse con otro individuo humano *-meros accidentes temporales, todos, convencidos por el Verbo de una supuesta trascendencia que jamás tuvieron-* elegía, mil veces, a los trogloditas.

Con ellos, al menos, la incomunicación era mutua. Y no le generaban frustración alguna.

Un tiempo tardó, Borges, en entender que los trogloditas eran los propios inmortales, los dioses mismos.

Mucho antes lo había dicho Eurípides; alguna vez lo mencionó Nietzsche y, seguramente, fue a partir de allí que lo malinterpretaron, por igual, tantos críticos del nihilismo y eruditos académicos nietzscheanos: desconfía de la sabiduría, el conocimiento solo es inacción; quien tiene todo el tiempo por delante no necesita moverse, en ningún sentido.

Si el ser es Uno, el Derecho no tiene la menor justificación. No hay dos seres cuyos conflictos regir.

Si el ser es tiempo, los valores resultan absurdos. Solo los trogloditas -*los dioses*- desconocen que el espacio de verosimilitud aniquila a cualquier sistema jurídico con pretensiones axiológicas. Y, claro está, lo desconocen por desinterés.

Aún así, el hombre sigue buscando el río de la inmortalidad; anhela la percepción, aún fugaz, de una teoría jurídica del acaecimiento que niegue la verosimilitud, considere un tiempo no discretizado y se aparte de las convenciones valorativas.

Cada vez más, adopta las costumbres ancestrales de los trogloditas. Algo lo inquieta, sin embargo. Al pasar por el río, se observa solo como una imagen de esos dioses idiotas.

Y sabe, sobradamente, que todo Verbo es inexactitud.

¿Verdad o consecuencia?

Según postula una tradición que no admite demasiadas controversias, el *arca perdida* o *arca de la alian* za –que contenía los diez mandamientos y que solo habría sido tocada por Moisés y por Dios - se hallaría en territorio etíope; sitio remoto hasta donde habría sido llevada por un hijo del rey Salomón y la reina de Saba.

Como todos los signos, los indicios de su presencia en esa región ofrecen, cuanto menos, algunos reparos posibles: se dice, a tales fines, que Etiopía es un país cristiano que jamás ha sido conquistado por ejército alguno (situación que se torna extraña y meritoria, en razón de su evidente fragilidad y de la extrema belicosidad de sus vecinos) y que allí, los ritos religiosos permanecen como en los tiempos en los que el cristianismo no era más que una de las tantas sectas judías, en disputa. Es decir que presentan, al cabo, una asombrosa similitud con muchos de los rituales musulmanes de la actualidad.

Dice la leyenda del arca que si alguien osara tocarla con sus propias manos se quemaría vivo.

No hay monasterio de los cientos y cientos que pueden relevarse en el extenso territorio de Etiopía, en el que los sacerdotes no afirmen guardar en su interior el verdadero arca original. "*El resto son solo falsificaciones destinadas al engaño de un, comprensiblemente, enorme número de ladrones*", expresan con certeza.

Los sacerdotes guardianes del tesoro perdido llevan sobre su cabeza –deben llevar- las tablas d e la Ley, escritas por Dios.

Con cierta habitualidad puede vérselos peregrinar –o al menos debería podérselos ver, si es que allí estuvieran efectivamente- por el territorio etíope.

En razón del inconcebible número de impostores –que, en cualquier caso, los multiplican y los ocultan- es inevitable que acaben por integrar un conjunto excesivo, capaz incluso de prescindir, sin pérdidas notables, de su misma existencia .

Al fin, para un extranjero, resulta evidentemente imposible distinguir entre los escasos defensores de la última verdad –aquellos que habrían de custodiar el origen del conocimiento y la vía de salvación para toda la humanidad creyente- y la enorme proliferación de disfrazados, quienes, anzuelos para turistas y ladrones, solo abonan la pecaminosa pero necesaria superstición, en multiplicidad de réplicas falaces.

De forma que, siendo la verdad, en el mejor de los casos, una de las posibilidades del error; una burda mentira, destinada tanto a pecadores obsesivos como a despreocupados viajeros, sostiene la integridad de la fe y, en última instancia, la preserva.

"*La verdad, como la danzarina Salomé, nunca debe dejar caer su séptimo velo* (porque) *su visión desnuda (...) aniquila todo impulso vital, todo motivo de acción (...) la verdad es un caníbal, un salvaje ávido de sangre*" dicen que escribió, alguna vez, un paciente siquiátrico internado en un asilo de Jena.

Es decir: si el ser es solo ser representado, nada más que el relato importa; si nada es verdadero, todo es digno de fe.

Dios salve a los que creen, si es que existe(n).

Será ficción

Hoy, ayer; siempre

El tiempo propio del hombre es el tiempo de la imaginación del pasado.

Podría afirmarse también que, para el favor de algunos espíritus elegidos, habría de ser racionalmente posible el agregado, mínimo, de una mera percepción del futuro inmediato.

Es ésa, acaso, una concesión racional -es decir, especulativa e hipotética- que no compromete el esquema de este análisis. Al fin, la inmediatez, lo sabemos , es un elemento apropiado para confundir los alcances de cualquier conjugación temporal.

El tiempo presente es, para nosotros, solo una mentira imprescindible. Si el hombre es la única forma que no goza, o no padece, las implicancias de la inmortalidad; ergo, el presente no le es permitido.

Cada instante que se vive se pierde y acaba por sumarse a ese montón informe que solemos llamar pasado, en cuanto lo recordamos modificándolo, es decir, en cuanto lo vivimos.

La necesidad insatisfecha del presente podría ser, pese al deseo y la *pulsión* de certidumbre, una muestra más de la precariedad de nuestra especie y, tal vez arriesgando demasiado en la teoría psicoanalítica, sería lícito encontrar en ella una manifestación interesante y directa de algún complejo de inferioridad. Esto, claro, si fuera apropiado otorgarnos, a los hombres, la capacidad de producir algo interesante -aunque más no sea, una manifestación- cuando nacemos y morimos en el mayor de los absurdos, sumidos en la más cruel de las ignorancias.

Cierto es, por fin, que postular la persecución del tiempo verbal en el que todos creemos habitar, como el *deseo esencialmente insatisfech*o que moviliza a los individuos portadores de humanidad, es una tesis difícil de aceptar.

Atenta contra toda poesía sociológica, nos circunscribe y retorna al verbo primigenio, nos niega, sin mayores remedios , la gratitud apacible del silencio.

El presente es de las bestias y de los vegetales, mientras dura. A perpetuidad; el presente es de los dioses y de los minerales.

Para nosotros -*humildes criaturas del recuerdo, personaje secundarios en match de improvisación, ajenos a un guión cuya existencia no podemos afirmar*-, el pasado es lo único que se elige.

Y, pese a la inapropiada multiplicación de los esfuerzos en que suele incurrir cierta, patética, lógica del poder; no saldremos jamás de su imaginación.

Osvaldo R. Burgos

De Hamlet, Orestes y demás

No fue por método que el príncipe Hamlet accedió al conocimiento, sino por revelación. Independientemente de las versiones que consultemos -sean en folio o en cuartillas; denuncien, en sus fo rmas, el estilo brusco del actorzuelo W. Shakespeare o la lograda prosa de Francis Bacon- el dato se repite y hace a la esencia misma del conflicto.

Impelido a la acción por una verdad tan insoslayable como indeseada -el asesinato de su padre por parte de su tío, y las nuevas bodas de éste con su madre- el joven se debate entre el mandato de venganza y el deshonor de la cobardía.

Sabe, de todas formas, que cualquier acción es inútil: aún cuando él - el individuo, la persona Hamlet, el príncipe- consiga vengar su sangre; nada habrá de modificarse, al fin.

A través de los tiempos venideros, los hombres seguirán matándose por poder y por riquezas.

Una vez ejecutada, a instancias de su hermana Electra, la acción impía que el orden social y el imperio de Loxias -o Febo Apolo- le exigían; Orestes dice: "*creo que si yo le hubiera interrogado para saber si mi madre debía ser muerta por mí, mi padre me habría conjurado por mi mentón a no clavar la espada en la garganta de la que me ha parido, ya que no por eso* él *iba a volver a la vida.*"

Algunos milenios , y notorias diferencias culturales , separan ambas historias. Sin embargo, el planteo de la duda persiste: la eficacia de la acción directa no trasciende la individualidad, su acatamiento exacerbado conduce, inexorable, a la locura. Ninguna venganza detiene el tiempo: Hamlet lo advirtió antes del cumplimiento de su mandato, y se reputó cobarde; sabiéndose desdichado, Orestes lo comprobó después.

En el animal humano, la violencia es la reacción natural ante la menor agresión; la pulsión de muerte instiga al hombre agredido.

Dice el príncipe: "*ser un grande no es nomás agitarse sin un gran argumento, sino hallar, con grandeza, querella en la minucia si el honor está en juego*".

En el mismo momento en el que él medita sobre la necesidad de venganza que, por norma, se le impone; veinte mil hombres -*que, "como al lecho, a la tumba van"*- marchan a la guerra "*para ganar un trocito de tierra en el que no hay ningún provecho más que el nombre*". En tal contraposición radica su drama: el actor -aquél que sufre por quien no conoce, esto es, *el ajeno, el ficcional*- y la sociedad -o el ejército, esto es, *el colectivo*- habitan, como el derecho, en la nominación y en la elocuencia. Sin embargo, el hombre individual es - y Hamlet es, precisamente, antes que cualquier otro- esencialmente materia. Y temor.

El joven príncipe advierte que la predisposición a la hipocresía justifica el milagro de la existencia. Y, en su inexperiencia, se inhibe.

La magnitud de la revelación recibida solo lo mueve a la quietud y al tormento, lo atrapa en el orden de la enunciación que se reprocha y del que Orestes , con igual arrepentimiento, ha prescindido.

Si la realidad es ficción, no puede representarse porque cada representación es, a su vez, otra realidad ficcional con aptitudes de ser representada hasta lo infinito.

Quien firma Shakespeare lo advirtió, resolviendo su obra con una escena teatral. Mucho tiempo antes, quien se presentara como Eurípides, culminaba su planteo con un juicio.

De frente a la sabiduría, y desde siempre, las máscaras han sido necesarias: el teatro, la justicia -y, tal vez, el teatro de la justicia en su concepción como valor- se asumen como formas generadas por la angustia de no saber, de no medir, de desconocer los límites. Diría Ofelia: "*sabemos quienes somos, pero desconocemos quienes podemos ser*".

En la exasperante soledad en la que se halla, el individuo jurídico -*Hamlet, Orestes, Shakespeare, Eurídipides o Bacon, quizás Ofelia*- se debate entre la conducta esperable y la posible.

Algo le urge, sin embargo: solo es tiempo, y sabe que va a morir. Sabe, por lo demás, que su maravillosa existencia podría no ser más que el sueño -irremediablemente ajeno- de alguien que, tal vez en otro tiempo, existió.

Entonces, en su improbable e implacable temor al sueño de la muerte -"*morir, dormir; dormir, tal vez soñar*"- es donde, justamente en la instancia previa a la locura, decide aferrarse a la lógica ficcional de la representación jurídica.

Y aún cuando la percibe invariablemente injusta, se asume incapaz de prescindir de ella.

El rayo

Hace un instante, un parpadeo, miles de años; quien tal vez se llamara Heráclito pudo haber afirmado, en algún sitio del territorio que hoy conocemos, imprevisiblemente, como *Asia Menor* -por qué no en la propia aldea de Efeso, donde probablemente haya vivido, según la versión oficial - algo así como: *"y, sin embargo, todo lo gobierna el rayo"*.

Muchos siglos después, en su cabaña de Todtnauberg, un alemán llamado Martin Heidegger hizo grabar esta frase en la corteza de un árbol y ordenó su colocación sobre el dintel de la puerta principal. Quizás él mismo acometió la tarea, quizás no.

Desde entonces, turistas de todos los países, informados o apenas dóciles, se sitúan en pose junto a la transcripción de la sentencia y solicitan, amablemente, que alguien dispare los flashes de sus máquinas fotográficas.

En los estrechos límites impuestos por su finitud, el hombre -Heráclito, Heidegger, cualquiera de los visitantes de la cabaña- percibe; apenas intuye, ve.

Luego imagina, deforma; construye. Según lo exija la ficción estructurante de su particular orgullo, ocasionalmente justifica. Solo ocasionalmente, por regla general intenta omitir toda justificación para sus actos o afirmaciones.

No obstante, independientemente de la voluntad humana, la oscuridad retorna, inexorable al fin.

Supo Heráclito, tal vez - así lo apreció, seguramente, Heidegger y con menor probabilidad los viajeros en tour por Baden Württemberg- que el individuo mortal solo vive bajo la luz súbita del rayo.

Después es recordado y recuerda, deformando y deformándose en la percepción ajena.

Es decir: crea y se engendra, en un mismo y único acto, como creador, solo a partir de su creación.

Es un artista -en cuanto modifica su entorno- y es, también, una obra de arte -en cuanto es modificado, a su vez-.

Deviene en imagen de lo ausente, sutil reflejo de aquello que presume.

Empero, supo también el de Efeso, que bajo la luz del rayo no hay juicios.

En el instante fáctico en el que la vida dis curre, las conductas se suceden y se superponen. Se contradicen y se complementan.

Antes y después, en el silencio absoluto de la oscuridad; las formas jurídicas -conceptos generados ya en el recuerdo, ya en la expectativa- acaban por distorsionar los hechos.

Lo justo pasa, entonces, por ser una mera probabilidad, entre tantas. De entre todos los muertos, solo unos pocos serán héroes. Al amparo de las sombras, algunas vidas parecen ejemplares. Solo parecen.

Toda valoración es fortuita y responde, primero, a una necesidad transitoria del individuo o conjunto de individuos que la acuerda o impone.

Si el rayo es, por definición, lo que irrumpe; no ha de juzgarse posible predecir la luz.

Así, cualquier intento de establecer una sucesión unívoca e indubitable entre dos hechos debiera descartarse, en tanto resultar aceptable la adjudicación, a un hecho determinado, de un sinnúmero de consecuencias.

Desde esta perspectiva cualquier atribución implicaría arbitrariedad.

Hace ya miles de años, en cierto lugar de un continente abrumado por las guerras, un hombre al que llamaron *"El Oscuro"* fue capaz de intuirlo.

Siglos después, un gran filósofo alemán -sintiéndose tributario de la agudeza de pensamiento de aquél- quiso homenajearlo. Y acabó por transformar una de sus más logradas expresiones en un gratuito souvenir para viajeros.

Paradójico, al fin, cabalgando sobre sí retorna Heráclito: solo Zeus -si aún existiera y conservara su trono- sería capaz de prever el complejo total de consecuencias imponibles al más s imple acto.

Solo Zeus, en cualquiera de sus nombres o formas.

El uno, la contradicción

Si la necesidad opaca al deseo o si, por el contrario, el deseo espera latente el momento de asaltar el mundo compuesto, a su medida, por la necesidad; es una duda que ha escapado solo a los trogloditas y, tal vez, a alguna otra raza de dioses idiotas, cuya identidad Borges no descubriera.

Respecto al animal humano -imagen siempre insuficiente, insalvable y precaria que fluctúa insatisfecha- en la medida en que los infranqueables límites de su representación se lo han permitido, ha transitado por esa encrucijada en más de una noche de tormenta vana.

La historia podría excederse en ejemplos de este tipo; a la memoria -condición inescindible de la mortalidad, que nos aleja del suicidio- solo le es permitido reconocer algunos.

Por caso, cierta vez habrá estado seguramente allí Arthur Rimbaud, antes de ir al África y contrabandear oro, comerciar marfiles y enfermar de cirrosis.

Su, quizás adorable, hermana –aquella vida ofrendada a la justificación innecesaria de la fogosidad del fuego que Rimbaud era en sí- escribió en una carta a la madre: *"Lo que Arthur quiere..."*. La esquela apareció rota y hoy se conserva, impecable pero parcial, en las vitrinas de algún museo europe o; nadie supo jamás lo que Rimbaud quería.

Por allí también pasó Nietzsche –cuyo vigor intentó domesticar su hermana, un ser no precisamente adorable, militante marital de una execrable ideología- antes de hablar en un idioma nuevo, con dos mil quinientos años de antigüedad. Apenas un instante de veinticinco siglos, desde Heráclito, que acabó por negarle interlocutores válidos y abrevió hasta la nada el espectro de sus lectores probables.

Luego llegó la moda académica nietzscheana, cómoda en el registro de la necesidad y sin comprender que Friedrich sigue, aún, forzando los márgenes del deseo. Y espera.

Dos ejemplos extremos, al fin, venidos de una época en la que el hombre llegó a confiar en su razón y elegidos según las reglas, estrictas y desconocidas, del azar.

Sin embargo, las posibilidades de argumentación a este respecto, resultan ser casi infinitas -*desde Aquiles hasta Cristo, desde El Profeta Mahoma hasta Giordano Bruno-* y deberían incluir a aquellos seres increíbles, cuya ficcionalidad está fuera de toda discusión, como Cyrano de Bergerac u Homero.

Tal vez, toda la humanidad no sea, no haya sido, sino un solo hombre transitando la noche entre la necesidad y el deseo.

Tal vez, este pobre y único mortal, no pueda –no haya podido jamás - resolver la complejidad de su batalla primera. Si todos los libros no son más que uno solo, si al principio fue el verbo, si el presente es un tiempo ilusorio; no parece tan descabellado pensar la ajenidad de los otros, su mera existencia, como una mentira necesaria: refutando a Borges no habría, en tal caso, precursores ni sucesión; solo contemporaneidad. Y entonces, quizás Judas, Alí o Balzac –la hermana de Nietzsche y la de Rimbaud- no sean más que formas, irreconciliables, de nosotros mismos.

EN BUSCA DE LOS PRINCIPIOS DE LA LEY

"Quienes creen que disponen de mucho tiempo solo se preparan en el momento de la muerte. Entonces los desgarra el arrepentimiento. Pero, ¿no es ya demasiado tarde?"
Padmasambhava

"...El mundo, desgraciadamente, es real; yo, desgraciadamente, soy Borges."
J.L. Borges ("Nueva refutación del tiempo")

El budismo tibetano postula -más allá y más acá de la dualidad de la *sem* o mente discursiva, fuente de la apariencia que altera la comunión universal imponiendo el engaño de la ajenidad y del otro- la existencia de un conocimiento del conocimiento.

Conciencia inmaculada del instante presente, cognitiva y vacía, desnuda y despierta; esta razón primordial es nombrada como *rigpa* y constituye, a la vez, la naturaleza de la mente y la naturaleza común de todas las cosas en unidad trascendental.

Puede parecer complicado; sin embargo, la intuición de una entidad fundamental que, última y primigenia, se expanda por encima y por debajo de lo sentimental y de lo positivo no resulta, en modo alguno, una idea extraña ni particular del Tíbet.

Con ciertas diferencias más o menos evidentes, más o menos accidentales, y según reconoce Sogyal Rimpoché en *"El libro tibetano de la vida y de la muerte"*, los judíos y los católicos suelen identificarla como *Dios*; los místicos sufíes hablan de *la esencia oculta*, los hindúes -verborrágicos y propensos a la maravilla por herencia cultural, según mis escasas lecturas específicas me permiten agregar- recurren alternativamente a los términos *El yo, Shiva, Brahman y Vishnu* para referirla.

Sea que confíen en la *condicionalidad,* al estilo budista, o en el *creacionismo,* al modo judeocristiano; hay algunas percepciones que resultan notoriamente más fáciles a los hombres de fe que a los incrédulos: la condición sagrada de la ley es un ejemplo evidente de esta afirmación en cuanto, arraigada en las costumbres impuestas por una cosmovisión compartida, no parece susceptible de su construcción acumulativa por voluntades libres.

Pero ¿qué es aquello que debiéramos entender por Ley, dentro de este planteo? Bastante más que una simple prescripción normativa o que la formulación lingüística de un *deber ser* discutible y futuro: el marco de pensamiento compartido por un conjunto de seres humanos que, condenados a la duración finita, intentan la trascendencia a partir de su inscripción en el lenguaje.

Sin la posibilidad del *renacimiento* –en este o en otro mundo- la trascendencia resulta inútil.

Entonces, ante la inutilidad de la trascendencia, toda prescripción legal asoma como contingente y, a largo plazo, revela su insignificancia.

A menos que se entienda al ordenamiento jurídico como un mero manual de funcionamiento de la sociedad en la que rige; el Derecho es mucho más que el sistema jurídico en vigencia histórica ocasional. Cuando la más repetitiva y metódica de las vidas humanas -o, incluso, la más heroica y legendaria de las muertes - exhiben su insoslayable insensatez; las matemáticas y los materialismos revelan sus limitaciones naturales en la pretensión de erigirse como credos sustitutos.

No parece posible negar el alma sin negar la justicia; aún en la más fanática de la deconstrucciones críticas habrá de tropezarse, siempre, ante la incolumidad del don: ontológicamente, la *Eternidad* no es la suma de las *temporalidades* sucesivas, ni la adición infinita de los *micropoderes* foucaultianos alcanzará, jamás, para explicar el ejercicio -ni la posibilidad teórica, siquiera- de un poder absoluto.

En el relato de su *Iluminación*, el Buda atribuye a una mente oscurecida, por interminables oleadas de pensamientos engañosos, la división entre sujeto y objeto, que advierte equivocada. Dios, en cambio, es Él; pero es, también y a un mismo tiempo, el hacedor, el Justo y el alma creadora.

La desgracia en la realidad del mundo que se ve y en el sujeto que, desgraciadamente, lo mira, solo puede ser sostenida por un genio agnóstico. Pero, aún siguiendo el razonamiento de Borges, resultará imposible concebir la continuidad del Derecho como marco conceptual.

Clarifiquemos con un ejemplo: cuando, según cuenta Heródoto en el tercero de sus *Nueve Libros de la Historia*, el gran monarca persa Darío convocó a los griegos que estaban con él a fin de ofrecerles dinero para que comieran los cadáveres de sus padres -abdicando de su ancestral costumbre de la pira funeraria- y, paralelamente, propuso idéntico trato a los indios calacias -los cuales, según dice el historiador, acostumbraban a fagocitar el cuerpo de sus progenitores - a condición de que aceptaran incendiar a sus muertos; unos y otros reaccionaron ofendidos.

Los griegos se negaron a escuchar los términos bárbaros de la oferta recibida y los indios suplicaron al rey, a grandes voces, que cesara en su blasfemia inconcebible.

Citando a Píndaro, Heródoto deduce de este relato: "*La costumbre es reina de todo*".

Desde una perspectiva estrictamente jurídica, tal vez podría decirse más: la propia costumbre colectiva es la génesis sagrada de cualquier prescripción legal; la disposición a respetarla, en cuanto ley, escapa a los términos hobbesianos y no puede explicarse desde los análisis historicistas.

Al momento de afirmar que "*es una locura moderna intentar alterar un sistema ético corrupto, su constitución y su legislación, sin cambiar la religión, intentar hacer una revolución sin una reforma*", Hegel omite, sin embargo y no casualmente, señalar la imposibilidad de sustitución de lo sagrado a partir de una simple decisión política.

Conflictos múltiples entre conquistadores y conquistados lo atestiguan: la costumbre ancestral escapa a Leviatán, lo subyacente emerge siempre, en el comportamiento de los dominados.

Somos el Derecho que pensamos y nos construimos desde las huellas que dejan, en nosotros, quienes nos miran bajo el respeto a la misma Ley, con una compartida cosmovisión de lo sagrado. Un hombre puede no ser mucho más que su mirada pero cada mirada necesita, indefectiblemente, una referencia común para comunicarse.

DE LOS VALORES O DE LA TEMPORALIDAD

Cuenta el gran Heródoto -pero el relato de toda historia es, apenas, una hipótesis - que, entre los medos, habría vivido un hombre llamado Deyoces.

Y dice, además, el historiador - si es que lo que pudimos conocer de su pensamiento es efectivamente aquello que él dijo, considerando la continua agresión de las centurias y de las traducciones - que, el tal Deyoces, habría llegado a imponer a su pueblo, con cuyo beneplácito contaba, los rigores de la tiranía y del proceso escrito.

Apoyado en una compleja y sospechos a red de delaciones, el tirano - quien, antes, había obtenido un gran prestigio como juez pero que, una vez en el uso de la tiranía, habría llegado a los extremos de ocultar su apariencia mortal y prohibir la espontaneidad de la risa y del escupitajo- juzgaba los pleitos de la Media entera, sin salir de su alcoba.

Así, negando a los justiciables la habitualidad de su presencia, apostaba a los temores de la imaginación y desnaturalizaba los recuerdos de aquellos que, en otro tiempo, habíanle conocido como un igual.

Supo Deyoces, según permiten inferir las afirmaciones hoy atribuidas a Heródoto, que los riesgos de la inmediatez son la parcialidad y la confianza. Intuyó, igualmente, que la delación es un vicio ineludible de la burocracia.

Pudo haber desconocido, sin embargo, que el poder del orden simbólico sucumbe ante la percepción común de injusticia, que generan el aislamiento y la excesiva abstracción.

En todo sistema regido por la convención de los valores, el tiempo es racionalmente insignificante. La realización del valor esperado es – siempre o nunca, según como se elija mirar- posible.

En el orden material, por el contrario, el tiempo es todo. Una vez perdido el instante de la acción a juzgar en el devenir ineludible; la exageración del espacio de verosimilitud - tan afecto a los tribunales, según afirmara Platón- niega el fin de lo jurídico y desvirtúa la búsqueda ulterior de las causas probables.

Siendo, el ser humano, no más que un accidente temporal; la relación de causa-efecto le resulta tan ajena como la conjugación del tiempo presente.

Si al principio fue el Verbo (y, podríamos agregar, su inexactitud) el verbo, a cuya imagen habríamos sido generados, en cuanto copias o reproducciones de fidelidad difusa, pervive en la imaginación del pasado.

El tiempo es lo único que podemos perder y es, además, lo irrecuperable.

El riesgo de la acción directa surge a partir de la relativización temporal que impone el orden axiológico.

En "Las bacantes" - según traducción al castellano de la versión francesa de Leconte de Lisle-, Eurípides afirmaba que *"una sabiduría demasiado sutil, no es sabiduría, no cuadra a los mortales aspirar a lo que está demasiado alto. La vida es breve; y quien persigue demasiadas cosas grandes no goza de las cosas presentes"* y por lo tanto, proponía a Penteo, hijo de Cadmo, *"aleja de los hombres demasiado sabios tu espíritu y tu corazón. Yo ordeno aprobar y seguir lo que el humilde vulgo aprueba y sigue"*

Teniendo en claro que cada individuo es, para sí mismo, toda la especie

-más aún, es su propia idea de tal, su inevitablemente insuficiente concepción del "universal" que lo involucra - ¿será que nuestro sistema entroniza a los jueces y a los legisladores como "*hombres demasiado sabios*" de los que es conveniente alejarse? ¿O será, por el contrario, que es demasiado cómodo el espacio de verosimilitud que, según Heródoto , habría imaginado Deyoces, el juez devenido en tirano?

De cualquier forma, en el orden material –esto es, en la psiquis del justiciable, donde lo jurídico habita- cualquier Valor podría ser solo uno de los tantos nombres inefables del dios Tiempo, nuestra materia.

Ya Homero (o tal vez, esa genial sucesión autoral que, según algunos, dio en firmar, un par de mitológicas obras, con tal nombre), había advertido en el canto VI de "La Ilíada" -*por boca de Glauco, interrogado sobre su abolengo por el infatigable Diomedes, en el propio campo de batalla* - que: "*Cual la generación de las hojas, así la de los hombres. Esparce el viento las hojas por el suelo, y la selva reverdeciendo produce otras al llegar la primavera. De igual suerte, una generación humana nace y otra perece*"

Es decir: el mérito de la brevedad de la existencia es la intensidad del goce y, tal vez, la transitoriedad del daño. Quizás por ello, según surge de una simple observación del inmediato entorno temporal e histórico, no parecería haber hombres tan valientes –y, podríamos agregar, tan carentes de razón y tan poco afectos a la supervivencia de su individualidad- como para vivir en un sistema de permanente acción directa.

La apelación al orden simbólico podría ser, así, una necesidad de la especie, que justificaría el milagro de la ilación histórica y la continuidad de las sociedades humanas.

Aún cuando pueda observarse una tendencia generalizada de recurrencia a la acción directa, la percepción común de un orden vigente, más allá de la disfuncionalidad de su injusticia, parecería ser una necesidad insustituible del animal social. Entonces, de ser efectivamente así, al sistema jurídico le resultaría suficiente con salir de su reclusión especulativa en la antiquísima alcoba de Deyoces , el juez tirano, y abandonar su presuntuosa actitud de siglos - tal vez infantil, tal vez manipuladora, tal vez harto peligrosa- de empeñarse en una vana jerarquización valorativa.

En tal sentido, la minimización del espacio de verosimilitud a(quel lapso temporal que media entre el momento de producción de un hecho y su juzgamiento; herencia fundacional del racionalismo socrático platónico aristotélico) no parecería ser un mal camino hacia el logro, gradual, de una carga de significación positiva para la representación, compleja, supuesta por toda regulación jurídica.

LA PROBABLE NECESIDAD DE UNA TEORÍA JURÍDICA DEL ACAECIMIENTO

Siendo la imaginación del pasado el tiempo propio del hombre, no habiendo posibilidad de presente ni certeza de futuro (más allá de alguna consideración particular sobre la inmediatez que, auque aceptable, carecería de aptitud suficiente para refutar la generalización) todo intento de construcción piramidal habrá de devenir, por artificioso, en presagio de derrumbe.

Si el Yo es –como las catedrales, las unidades de medida y las competencias internacionales, entre tantos otros inventos históricos - apenas un intento banal de jerarquización; al sostener, desde tal perspectiva, que toda atribución de jerarquía constituye un simple error de apreciación, en exceso o defecto lo mismo da; el yo termina por considerarse como una mera convención de apariencia.

Marco ficcional de abstracción aparente en el que, además, –forzados por nuestra insoslayable necesidad de situación- inventamos, los hombres, la relación de causa a consecuencia, hilamos sobre momentos esencialmente dispares, nos convencemos de una continuidad improbable.

El individuo humano no es más que un accidente temporal, pero no está en condiciones de aceptarlo.

Ajeno a toda posibilidad de apreciación de universales, no se resigna. Apela a la universalización de la propia particularidad, inventa la verosimilitud y el promedio; impone, a cada consecuencia, la ficción de una causa que no es más que una "*consecuencia*" anterior de otra "*causa*" arbitrariamente impuesta.

Empero, como Tomás respecto al primer "*motor inmóvil*" aristotélico; remontándose a la demostración de la causa inicial, el animal humano fracasa.

El origen primigenio le es vedado y, entonces, intenta articular la inteligencia de un tiempo material continuo –sea espiralado, circular o recto; se juzgue ascendente u horizontal- que, al nivel más elemental de la experiencia, también, acaba por negársele.

Ya Platón explicó la insuficiencia de la teoría pura del derecho que, más de veinte siglos después, formularía Kelsen.

Lo hizo al escribir, en sus diálogos, que es "*la verosimilitud y no la verdad la que gobierna los tribunales*" y que "*verosímil es lo que parece cierto a la multitud* ".

Es decir: es en el espacio temporal que media entre el instante de la conducta y su juzgamiento, el lugar en el que suele construirse la doble representación compleja del derecho. Y en el imperio de la verosimilitud no hay pureza posible.

La norma –incluso la sentencia, en cuanto norma particular- nace muerta o, al menos, dormida *e(n términos de Schopenhauer para quien, la muerte del individuo se asemejaba al sueño de la especie*) en tanto su único destino es referirse, fatalmente, a un acontecer perdido en el Hades temporal.

Así como al barquero Hermes Argifonte le eran inaccesibles los cuerpos, ningún concepto normativo puede captar un hecho en toda su integridad.

Aún cuando, nombrándola, el concepto pretenda retornar la acción; al cabo, el hechizo no funciona: apenas la imagina y, al momento de juzgar acomete, de ordinario, una tarea de reconstrucción *tan ciclópea como vana,* modificatoria e inevitablemente pauperizante.

Sobre las aguas fantasmales del río Aqueronte, sea en uno u otro sentido, solo resulta lícito transportar imágenes.

¿Es la percepción común de injusticia, inherente al concepto de ordenamiento jurídico? ¿Es, tal vez, propia del mismo concepto de sistema? ¿Podría pensarse, en reemplazo del ordenamiento discretizado, una teoría del derecho del acaecimiento?

El Cosmos responde, según Nietzsche, a las leyes del arte más que a las prescripciones técnicas.

A pesar de aquello que Einstein ha afirmado con autoridad, bien podría ser que, en el devenir de un momento histórico impreciso; Dios *-o, mejor, "un" dios, Alá, el inefable, tal vez-* se haya sentado al tapete, para arrojar los dados.

La partida podría estar en curso y, ante tal eventualidad, la estrategia conceptual de nuestra juridicidad, quizás resulte un recurso insuficiente.

LUTERO, KIERKEGAARD, JESÚS Y EL ARREPENTIMIENTO. TAL VEZ, MEDEA

Corría el año de nuestro señor Jesucristo de mil quinientos treinta y seis cuando Martín Lutero redactó aquellas líneas que, luego, serían conocidas como *"los artículos de Esmalcalda"*, testimonio insoslayable de la ruptura impulsada, quizás, por su fe en la fuerza unificadora de la fe.

Allí pudo haber sostenido, Lutero -si la benevolencia de los siglos y de las traducciones nos permiten creer en las palabras que hoy se le adjudican- algo así como que *"El pecado original es una corrupción de la naturaleza, tan profunda y horrenda que hace que no pueda ser comprendido por ninguna inteligencia humana, sino admitido y creído en virtud de la revelación bíblica."*

Quizás omitió decir, el reformador, que la corrupción en la naturaleza de cualquier acto -*también de la transgresión original aunque no, todavía, del pecado* - no es más que su narración. Así, no será el acto de narrar -un acto más, distinto e identificable de lo narrado-, sino la narración misma, el origen de toda corrupción.

Lo debe haber pensado, sin embargo: el cisma que propuso reconoce su origen en la redacción de los artículos.

Antes de ser nombrado, cualquier hecho, aún cuando pudiera resultar reprochable desde una hipotética cosmovisión discursiva, es esencialmente efímero y, por tanto, trivial. Allí podría situarse, entonces, el error imperdonable de la serpiente: si el amor es la forma suprema de lo cognoscible, los amantes deben permanecer en la ingenuidad.

Ya Eurípides se lo había hecho decir a Medea: el verdadero conocimiento, *el amor*, es un muy grave mal para los hombres en cuanto incluye la mentira.

Desde cierta perspectiva toda narración se genera en el temor y es, además, sabiduría del temor; es decir, desconfianza. Citando a Martin Lutero lo dice, entre tantos otros, Soren Kierkegaard cuando afirma en *El concepto de la angustia* que el pecado solo se configura, como tal, a partir del arrepentimiento de quien se asume pecador.

Aniquilado por la pasión desatada en su búsqueda de poder, el pagano y argonauta Jasón lo había comprobado mucho antes.

El hombre es tiempo y el derecho que piensa no es más que una de las posibilidades de instauración del discurso.

Todo discurso incluye el error y cualquier tiempo se cumple, inexorable.

Bien pudo decir Lutero, aunque no lo dij o, y tal vez de buen grado hubiera suscripto Kierkegaard, que el verbo del arrepentimiento puede, en el registro de la percepción, modificar la aprehensión de acciones anteriores, imaginar el pasado y generar, en definitiva, al individuo que lo pronuncia. O lo pronunciará, algún día: en el último segundo de su vida terrenal, el hombre Jesús, aceptando al fin que, tal vez, haya existido; clama arrepentido por la patética soledad de su muerte y en una única pregunta -*Padre, ¿por qué me has abandonado?*- despoja de sentido toda su aparente materialidad.

Solo después resucita, es decir, retorna al mismo Verbo que, con evidente error, lo había pronunciado.

En la inexactitud fatal de su representación continua y compleja, el derecho transcurre.

Cierta formulación iniciática del verbo puede, en él, condicionar los comportamientos fácticos futuros.

Despojada, en principio de cualquier pretensión de trascendencia, toda acción, destinada al olvido, en cuanto inefable todavía, puede ser generada en el orden del pecado; esto es, modificada, aprehendida, interpretada de un modo diverso, representada en suma, por la elocuencia arbitraria de futuros arrepentimientos.

Así lo intuyó Eurípides y excluyó a Medea, pese a la extrema crueldad de sus reacciones pasionales , de todo atisbo de pecado.

Situando a su criatura en un tiempo verbal aún inexistente, le permitió anticipar discursivamente la impiedad evitando así cualquier posibilidad de arrepentimiento.

Es claro: ella es el sol pero, en la ruptura con toda valoración que marca la materialidad de su espíritu, es también Cirse y lady Macbeth. La Ley que solo es ley, en cuanto injusta.

La percepción común de injusticia parece ser una exigencia funcional en la imposición de más de una norma positiva .

Así pudo haberlo entendido Kierkegaard y también, en la revelación insondable de su calvario trágico, incluso el propio Crucificado –es decir, el verbo en su encarnadura, fuente, él mismo, del temor y origen de toda sabiduría - quien ofrendando a los hombres su imprevisible arrepentimiento, expone en su pregunta final la desconfianza propia de toda devoción

Y, en la magnificencia de aquellas mismas escrituras que, alguna vez, permitieron pensarlo como hombre; vuelve a abjurar de cualquier pretensión de justicia.

Al fin, como alguna vez Medea, como todos, Él solo necesitaba un día más.

ALGO MÁS SOBRE MEDEA

Cuando, cruzando el mar en una nave larga, los griegos llegaron a la Cólquide y raptaron a Medea (*Heródoto: Libro 1. Párrafo 2*) atrajeron, sobre sí, la tragedia propia de toda pasión extrema.

Tal desprecio por la catástrofe suele explicarse, cuando no en la ignorancia de ciertos habitantes de Argos, en el hecho, incontrastable por lo demás, de que Jasón no era más que un héroe circunstancial, destinado al ocaso.

Medea en cambio, según se sabe , pertenecía a la estirpe del sol.

Por más imprevisibles que las consecuencias de sus actos sean a los mortales; el robo del sol no es un tema que les pertenezca en exclusividad. Antes bien, ya había sido un problema entre los propios dioses.

Ahí está Prometeo quien, aún sufriendo la crueldad de su condena eterna, se atreve a profetizar la caída de Zeus y, encarnando la dignidad de quien nada tiene por perder, rechaza a Hermes, emisario del poder, cuando éste llega a ofrecerle mejores condiciones en el cumplimiento de su pena.

Su conducta es paradigmática, teórica, destinada a agotarse en la autorreferencialidad: los simples mortales –a quienes benefició y por quienes es, tan duramente, castigado- no pueden defenderlo y, es probable, que tampoco logren hacer gran cosa con el fuego que él robó para obsequiarles.

Al modo de Prometeo, Medea es encadenada por la decisión de Jasón de abandonarla y contraer unas bodas, a su juicio, evitables.

Empero, aún cuando el fuego podría ser un dios, como sostenían los persas, o una fiera animada que devora cuanto arrasa y, harta de comer, muere juntamente con lo que devora, según creían los egipcios en una cosmovisión tan válida como cualquiera; esta mujer es capaz de matar a sus propios hijos, por amor, y seguir viva.

La increíble magnificencia en el comportamiento de Medea es su decisión de inmolarse, no en el suicidio –que hubiera sido, sin dudas, el camino más fácil luego de sacrificar a su propia descendencia, antes de que manos ajenas dispusieran sobre su vida- sino en la continuación de una existencia hueca.

Prometeo no puede morir por decisión del poder; para enrostrar al poder la responsabilidad por su desdicha, Medea decide no hacerlo. Con toda su grandeza, ni siquiera la reina Cleopatra quien, siglos después, decíase también hija del sol, sería capaz de un gesto semejante.

En Medea, el fuego no se negocia ni se sujeta a medida. Por el contrario, discurre, se derrama.

Su conducta no tiene ambiciones de ejemplaridad, es práctica y no presenta vicios de autorreferencialidad alguna; está destinada al reproche.

Si el héroe prometeico es quien roba la luz; Medea es la luz robada que acaba por enceguecer a quien ha osado apropiarse de ella.

La cercanía con el sol destruye. Medea es la mujer pasional inconveniente, con cuyo robo los hombres –de Oriente y de Occidente, sean o no argonautas - han soñado cada noche; es, sin dudas, una de las iluminaciones en las que insistía Rimbaud, es el inicio de la fábula. Promete un goce que habita en el instante: desde la oscuridad de la ficción histórica – y de la tradición literaria, que tal vez sea solo uno de sus géneros - marcha una legión de seguidores de Jasón entonando lamentos; composiciones corales dignas de lástima en las que exhiben su desamparo de héroes en desgracia.

No obstante, las leyes de lo onírico suelen ser inescrutables: aún lógica y verosímil, la versión que ellos ofrecen no ha sabido despertar, en un auditorio de siglos , el más mínimo interés.

SIERPES

En el tercero de *"Los nueve libros de historia"* (al menos en la edición por mí consultada, traducción de María Rosa Lida) es posible hallar una referencia expresa a un comportamiento -¿extraño?- adjudicado a las sierpes voladoras de los árboles, especie que se dice originaria de Arabia y limitada a su vasto territorio.

Se afirma allí que, al confluir en la pasión del coito, en el momento mismo en el que el macho está liberando su energía genésica; la hembra le rodea el cuello, lo estrangula y no lo suelta hasta devorarle. Muerto el progenitor, unos meses después, los hijuelos concebidos en tal acto instrumentarán su venganza devorando el vientre de su madre y dándole muerte en el momento exacto de nacer.

Entiendo como arbitraria la limitación, de este comportamiento, a la habitualidad de tan extraño y mitológico ser.

En todo caso, parecería que la atribución de exclusividad en la conducta indicada, solo hallaría justificación en relación a la intensidad y, nunca, respecto a la intención.

La misma definición etimológica de pasión –sin dudas el término más utilizado al referirse a la atracción sexual, de cualquier tipo y especie- parece, así, sugerirlo.

De este pequeño relato –y de su necesaria aclaración ampliatoria-, resulta lógicamente posible extraer, al menos, cuatro conclusiones interesantes:

1.) Si como supo decir, por caso Roa Bastos , reiterando una vieja frase *"la pareja yacente en el amor hace la bestia de dos espaldas"*; el ámbito propio del monstruo amatorio, entre egoísmos formado, no sería sino el combate,

2.) la sed de venganza –sin límites, aún contra la propia madre- estaría presente en la carga genética de todos los individuos: nacemos desde el dolor y con el dolor cargamos.

3.) desde el punto de vista arábigo, la pasión culminante roza la muerte; después es la vida, como simple instrumento de venganza.

4.) Por último, y según recuerdos disponibles en la imaginación del pasado, parecería ser que solo se ejerce, idealmente, el sexo una vez en la vida; los intentos restantes o remedos –en los que solemos insistir maquinalmente los hombres y las mujeres - parecerían devenir, apenas, del anhelo innecesario de diferir la inabarcable muerte individual.

Bien podría agregarse, a estas conclusiones, la afirmación de que un colectivo hipotético que se agotara en una sola generación - irremediablemente joven, en cierta forma asexuada- configuraría, en todo caso, una sociedad sin demasiados argumentos para el psicoanálisis; sin embargo ello no pasaría de ser un mero ejercicio de ingenio, tributario de una dudosa honestidad intelectual.

Parece más lógico sostener, en la fundamentación de este planteo, que el retorno a la lid entre la necesidad y el deseo degrada al individuo mortal y predice, en él, la continuación de una larga noche temporal, inevitable.

Si la luz es un accidente fugaz, no hay retorno pos ible desde la pasión extrema.

Es decir, si al cabo existiera, el amor no sería, al fin, demasiado diferente de la muerte.

La imagen más desprovista de la nada; el fantasma del otro que intentamos apresar y que se escapa, inevitablemente, con el afán incom prensible de mirarnos, construirnos, hacernos. Darnos vida, o sea.

DESDÉMONA Y OTELO, MEDEA –SIEMPRE MEDEA-, ROMEO, ROSALINA Y JULIETA. EL AMOR, EL SER, EL DERECHO

"*No me mates esta noche, por piedad, déjame vivir hasta mañana*". Enfrentada a la furia enceguecida de Otelo, la bella Desdémona solo pedía un día más. Todo lo que quería era un poco más de tiempo. Y no lo tuvo.

Antes de ajusticiar, en los hechos, a su ingenua esposa; el celoso moro ya había muerto en el orden del discurso. No era él quien se presentó ante aquel lecho mortal.

El amor, *apoteosis del conocimiento* según la interpretación bíblica, destruye, irremediable. Shakespeare lo sabe y lo repite más de una vez.

Cuando aún no existía, para él, una Julieta donde re-crear su amor; Romeo, apas ionado todavía por la insulsa y esquiva Rosalina, sostiene: "*así el amor quebranta nuestras vidas. Siento el pecho pesado con mis penas. ¿Tú quieres aumentarlas con las tuyas? Mi dolor es tan grande que tu afecto me hace daño...*" y luego, "*Me he perdido, yo no estoy aquí. No soy Romeo, él anda en otra parte.*"

Es decir: si existe, el nombre del amor despersonaliza, maltrata, atenta contra la subjetividad de quien ama y, en última instancia, socava la construcción discursiva que toda persona es. O podría ser.

Desde tal perspectiva, acaso "*amor*" – el "*rudo, brutal, violento*" amor que a Romeo "*abruma*" y por el cual mutará su nombre- no sea más que un nombre más, para el cuerpo inefable de la muerte.

Asumiendo que el fin último del derecho es ordenar la vida; la pasión, como relato, se presenta, así, incoherente con la idea del sujeto como ser social.

"*Debo implorarte un día, un solo día, antes del destierro*" dicen que, milenios antes de la fascinante historia del balcón, le habría dicho al rey Creón, según Eurípides acostumbraba a contar, la infranqueable Medea, sobrina de Cirse.

Luego, en el escaso espacio de este impensado instante adicional, generaría su venganza.

En la versión de Eurípides, Medea es la luz.

El sol calcina a los vivos pero, en la concepción griega y con la destacable excepción del robo prometeico, no alumbrará jamás a los muertos.

El mito sigue, sin embargo: abdicando de la pasión una vez expresada, entonces incontrolable, por Jasón; Medea alcanza la inmortalidad. Ya en la vastedad conceptual de los Campos Eliseos, según cuentan algunos , podría haberse unido, en dulces nupcias con Aquiles.

De modo que Rosalina es reemplazada, en el estrecho marco de una fiesta veronesa, por la niña Julieta y Aquiles sustituye, en los vastos dominios de la inmortalidad de la Hélad *e*, al ambicioso Jasón.

Otelo, sin embargo, no permitió, a Desdémona, sustitución alguna. Y, en una unilateral acción directa, decretó el fin de su temporalidad.

Si el ser no es más que tiempo -y todo tiempo es, esencialmente, irrecuperable- nunca seremos quienes fuimos y ni siquiera imaginamos quienes, en ciertas circunstancias , podemos llegar a ser. Así, entonces:

- Toda negación de la temporalidad –y contenida en tal, la negación de la materia por ella encerrada; esto es, del propio ser- devendrá, irredimible, en la negación del justiciable.

Y, en segunda instancia,

- La negación del justiciable importará, ineludiblemente, la generación de una percepción común de injusticia sobre el orden jurídico.

Ergo, la percepción común de injusticia –nacida de la discretización temporal y de su consecuente negación del justiciable- se presenta como inherente a todo orden de derecho fundado en la realización de valores convencionales.

La ley es ley porque es , *porque se percibe,* injusta. De no ser inexacto, el verbo no sería tal.

En la percepción de la injusticia que estaba cometiendo, el rey Creón intentó conceder, por temor, un atenuante a la pena que el derecho le imponía y, en pago, recibió venganza.

Desdémona, Otelo y los inmortales amantes de Verona, pagaron con la muerte de muchos su incontrolable exceso de pasión.

No resulta extraño: desde el punto de vista de Zeus, ciertos comportamientos deberían permanecer, por siempre, ajenos a la raza de los hombres.

Al fin de cuentas, para Él, y para muchos otros que hoy su lugar ocupan; somos, apenas, una imagen borrosa.

EL ADULTERIO DE AFRODITA: LA FICCIÓN DEL DERECHO Y EL ORIGEN MÍTICO DE LA CAUCIÓN

Más allá de cualquier discusión sobre su naturaleza científica, independientemente del punto de vista desde el que se pretenda analizarlo, con prescindencia de la escuela en la que cada uno se inscriba o del marco conceptual que se elija para su abordaje –desde la *teoría pura de Kelsen* hasta las *posturas críticas de Foucault y Deleuze* o, incluso, *el anarquismo (o "dadaísmo") metodológico* propuesto *por Feyerabend-*; el orden jurídico no es más que una ficción estructurante.

En su condición de ficción, para ser eficiente debe ser verosímil y, en este caso, la verosimilitud implica cierta coherencia racional.

Dada su naturaleza estructurante, la percepción subjetiva común de su existencia resulta, a menudo, más trascendente que su propia vigencia real, fáctica.

Compleja representación de una mera abstracción difusa –esto es, de la *sociedad real* a la que se propone regir- el ordenamiento jurídico habita, en definitiva, solo en el lenguaje y en la psiquis de aquellos individuos que a él se someten.

Respetarlo es, en última instancia, apenas una decisión individual; hacerlo cumplir debería ser, siempre, una necesidad colectiva.

En definitiva: aunque bien pueda sobrevivir una sociedad sin Derecho vigente –siempre a condición de la ignorancia de sus miembros sobre tal carencia- estará inevitablemente destinada al fracaso aquella sociedad en la que los i ndividuos perciben la ausencia o, lo que es lo mismo, la ineficacia absoluta, de una norma común, con reconocida aptitud para imponer deberes.

Lo hemos dicho ya en alguna oportunidad; el Derecho no libera pero contiene.

Avanzando aún más en este razonamiento, sostenemos que el orden jurídico es una ficción racional destinada a regir las pasiones humanas, de las que surge, solo, por necesidad imperiosa. Y he aquí su concepción mítica.

Ficción racional estructurante, de origen pasional, anclada en la percepción más que en la *realidad* material, la sacralidad de un cierto orden jurídico es un mito fundacional de cada sociedad que se asume incapaz de pensarse sin él.

Y en tanto mito, nuestras instituciones o ficciones jurídicas remiten, invariablemente, a los orígenes de la civilización griega.

Cuenta Homero, en Odisea, que Hefesto, cojo de ambos pies , encontró en su propia cama a su mujer, Afrodita, en apasionado trance de amor con Ares.

El corrimiento del velo del engaño, sin embargo, no respondió a las leyes del azar. Sospechando lo que luego confirmaría, Hefesto había preparado una trampa para inmovilizar a los amantes en el lecho con hilos invisibles; contribuyendo, así, a la construcción de lo real acaecido como motivo (ulterior) de la representación de su ofensa.

Ya una vez alcanzada la certeza en su intuición de infidelidad, el esposo burlado planteará su pretensión ante Zeus, de "*...que el padre* (de Afrodita) *me restituya íntegra la dote que le entregué por su hija desvergonzada. Que ésta es hermosa, pero no sabe contenerse"*.

Y así comentarán los dioses que, ante el hecho, comparecen a casa de Hefesto: *"no prosperan las malas acciones y el más tardo alcanza al más ágil; como ahora Hefesto, que es cojo y lento, aprisionó con su artificio a Ares, el más veloz de los dioses que poseen el Olimpo, quien tendrá que pagarle la multa del adulterio"*.

Poseidón le suplica, entonces a Hefesto, que desate a Ares, con la promesa de que éste le pagará todo cuanto corresponda, y sea justo. Negándose, en primera instancia, Hefesto sostiene ante Poseidón que *"son malas las cauciones que por los malos se prestan"* y que no está seguro de que, una vez libre, Ares no se rehúse a satisfacer la deuda. En mérito a ello, Poseidón garantiza el pago, mediante la siguiente fórmula: *"si Ares huyere, rehusando satisfacer la deuda, yo mismo te lo pagaré todo"*. Y es así como los hilos se desatan.

En cuanto origen mitológico del instituto jurídico de la caución, este pequeño relato viene a ratificar nuestras afirmaciones precedentes, en el sentido de considerar al derecho como ficción estructurante que, surgida de las pasiones, y de la necesidad de regirlas, intenta sustituirlas por una estructura racional.

Víctima de adulterio en su propia morada, el dios Hefesto solo inte nta recuperar la dote, de parte del padre de su esposa, y cobrar la multa que resultare justa, de parte de quien, con ella, comete adulterio.

Sin recurrir al escándalo exagerado de la sangre, destierra toda idea de acción material directa y privilegia su garantía de un resarcimiento equitativo.

Desplazando el eje de la discusión y despersonalizando el debate, el Derecho mítico funciona: el riesgo corrido por Ares es asumido, patrimonialmente, por Poseidón y, una vez resuelto el hecho conflictivo, cada implicado continúa con su vida inmortal.

La sustitución representativa que implica, de por sí, la aplicación positiva de una norma de Derecho es algo que nosotros, los mortales, aún no acabamos de entender.

Y, de tal suerte, navegamos en la búsqueda perpetua de respuestas pasionales, que tardan en llegar y cuando llegan, no hacen más que acrecentar el daño, ya inflingido, al colectivo social que nos involucra.

II.- HELENA O LA BELLEZA COMO HUELLA DE LO PENSABLE

"Cuando se desarrolló la guerra de Troya a causa de ell a, Helena no era más que una mujer. Las crónicas de esa guerra, que fueron escritas mucho tiempo después que finalizara, la elevaron a categoría de diosa".

(F. Nietzsche, cita de libro aparentemente apócrifo)

LA CONSTRUCCIÓN DE LA NORMA JURÍDICA EN LA APRECIACIÓN DEL DAÑO Y LOS LÍMITES DE LAS CARGAS DE SIGNIFICACIÓN

"Cuanto más aprendemos sobre el derecho, más nos convencemos de que nada importante sobre él es del todo indiscutible"
Ronald Dworkin

"La especulación es un lujo, mientras que la acción es una necesidad"
Henri Bergson

EL CASO AQUILES C/ AGAMENÓN: LA IMPOSICIÓN JURÍDICA DE LA ARBITRARIEDAD ANTE UN PROBLEMA DE FALDAS

Era el año nueve de la guerra de Troya y el semidiós Aquiles se había retirado a las naves, ofendido con el rey Agamenón, aparentemente, por un problema de faldas: el arrebato de la joven Briseida.[1] A partir de su ausencia en la batalla y gozando del evidente favor de Zeus, los troyanos capitaneados por Héctor habían logrado infundir temor a los sitiadores aqueos, a quienes amenazaba el fantasma de una inevitable y pronta derrota. Agamenón propone, entonces, el abandono de la lucha y, no siendo aceptada su propuesta por los restantes jefes, envía una embajada a Aquiles.

Ante la necesidad de volver a contar con sus servicios, le ofrecía la restitución del "bien" sustraído -*la dama cuyo arrebato causara la ofensa*- con más el juramento de su "estado" inalterable – *afirmando, el rey de hombres, no haber*

1 Quizás pueda entenderse mejor lo que continúa, acompañando un muy escueto resumen del Canto I de Ilíada: La escena es en las tiendas aqueas; el sacerdote Crises o Criseo (padre de la joven Criseida, quien había sido tomada por Agamenón como recompensa de batalla) suplica al rey por la libertad de su hija, pero éste s2e niega diciéndole: "*A ella no la soltaré, antes le sobrevendrá la vejez en mi casa, en Argos, lejos de su patria, trabajando en el telar y compartiendo mi lecho*". Apolo, Dios a cuyo culto Criseo se había consagrado, hijo de Leto y de Zeus, suscita entonces en el ejército aqueo una maligna peste. En medio de tales padecimientos e interpretando la voluntad de los restantes jefes, Aquiles le exige a Agamenón que devuelva su recompensa para que cese eel maleficio y éste responde: "*si el que hiere de lejos* (referencia al dios Apolo) *envía calamidades porque no quise admitir el espléndido rescate de la joven Criseida, a quien anhelaba tener en mi casa y a quien prefiero, ciertamente, a Clitemnestra mi legítima esposa, en cuanto no le es inferior en nada… consiento en devolverla, pero preparadme pronto otra recompensa.*" Aquiles lo trata de imprudente y codicioso; desafiándolo Agamenón le dice que él mismo irá a su tienda para llevarse a Briseida -que era la joven adjudicada a Aquiles- y tomarla en lugar de aquella que le obligaron a devolver. Con intermediación de Atenea y fastidio de Tetis -la diosa, madre de Aquiles-, así lo hace.

subido jamás a su lecho-. Es decir: el retorno de "las cosas" al estado que tenían, en el momento anterior a la causación del daño.[2]

No obstante, asumiendo de antemano la insuficiencia de tal proposición, adicionaba a su oferta otros bienes similares - *siete jóvenes mujeres, a elección, y la gratuita mano de cualquiera de sus hijas-* la proposición de metálico y poder - *el dominio sobre siete ciudades "que pagarían, regidas por su cetro, crecidos tributos"-* y eventualmente, una participación mayoritaria en las ganancias futuras -*que incluía, al momento de tomar definitivamente la ciudad de Ilión, el derecho sobre las veinte troyanas más hermosas después de la argiva Helena, razón de la guerra.-*

Todo ello -*y otros bienes, aquí no enumerados-* en concepto de resarcimiento por el daño causado.

Aquiles no acepta, y en su respuesta observamos:

a) La exposición de una problemática subyacente que trasciende el hecho del arrebato, y

b) El envío hacia uno de los problemas jurídicos más complejos: la apreciación de las consecuencias de un daño *como acto de justicia.*

"La misma recompensa obtiene el que se queda en su tienda que el que pelea con bizarría; en igual consideración son tenidos el cobarde y el valiente; y así muere el holgazán como el laborioso " dice el semidiós manifestando, de tal forma, su ofensa por la inexistencia, en el ejército aqueo, de pautas de apreciación subjetiva para la determinación del derecho individual de apropiación de los bienes colectivos, obtenidos en batalla.

Es claro: su percepción de injusticia (o, en términos de Hart, su descrédito hacia la juridicidad instaurada) precede a la acción dañosa, en el orden de lo fáctico.

Sin embargo, en el orden de la representación, tal percepción - en cuanto hecho, anterior al arrebato o acontecimiento que, según la perspectiva jurídica habitual, *iniciaría* la *cadena causal-* contribuye notoriamente a la apreciación de las consecuencias -atribuídas al propio arrebato que, tomado com o dato real le es, notoriamente, posterior- con una mayor gravosidad: potencia exponencialmente la negatividad de sus cargas de significación.

En mérito a la superioridad manifiesta de sus fuerzas, Aquiles consideraba impropia la división igualitaria de lo recaudado y, en realidad, la privación de la joven que se le había adjudicado -*el daño, en sentido material-* parecía no haberlo ofendido tanto como el trasuntado desconocimiento a su prosapia inmortal y a su gallardía bélica, en el que -*según su propia interpretación de damnificado-* había incurrido el rey.

Las cargas de significación que, arbitrariamente, adjudica al daño del que

2 Juzgamos de imposible facticidad esta pretensión de *reparar* un daño, respecto a los daños no patrimoniales -como el que motiva la controversia que aquí se narra- y proponemos sustituir su concepto por el de apreciación de las cargas de significación; según se abundará en este desarrollo. En el mismo sentido entendemos, apenas, como una ficción jurídica el concepto de *retorno de las cosas al estado que tenían en el momento anterior al daño,* en consideración a la temporalidad lineal que forma nuestra cosmovisión y, dentro de ella, a la irreversibilidad del tiempo existencial.

ha sido víctima, rastrean su huella hacia un tiempo *anterior* al hecho dañoso y, luego se proyectan directamente, *hasta más allá* de sus consecuencias.

En la postura irreductible adoptada por Aquiles, *-quien podía prescindir sin pérdida de los bienes ofrecidos, en recompensa, por su dañante y conocía, además, su privilegiada posición de negociación, en mérito a la necesidad de su ejército que tenían las huestes aqueas, enfrentadas a su más grande derrota* - la negación del reconocimiento esperado (aún con anterioridad a la acción abusiva de la que fuera objeto) abre la huella significativa de un daño intangible que, al materializarse –ante la menor posibilidad de que, para ello, hubiera lugar- no admitirá reparación alguna.

Luego, la privación intempestiva de la recompensa que se le acordara por su participación en batalla (a su juicio y, según sus dichos, ya notoriamente insuficiente) configura, no más que, la materialización de una agresión puntual de la juridicidad, cuya re-presentación disvaliosa condicionaba la formación de su idea particular de lo justo.

La huella de negatividad –por la que habrán de trasuntar las cargas de significación de la acción puntual, que Agamenón pretende *reparar-* ya había sido instaurada previamente, en la perspectiva de Aquiles, por su descrédito hacia el sistema, por la herida abierta en su predisposición a la creencia (o, en términos kantianos, del *respeto)* a la juridicidad común.

El conocimiento de sus cualidades sobrenaturales lo impulsan a considerarse en posición de preeminencia sobre el promedio (ajeno a la posibilidad de una norma común) y, de allí, la magnitud de su ofensa por el acostumbrado reparto igualitario del botín.

La inconmensurabilidad de las cargas de significación que adjudica al daño del cual ha sido víctima solo puede entenderse a partir de sus palabras y, en ellas, desde el planteo que envía su conflicto con la juridicidad elegida por el colectivo, hacia un momento anterior al comportamiento arbitrario asumido por el rey –quien es, además, el soberano y el legislador-.

A partir de su percepción previa de injusticia respecto al sistema instaurado; un simple incidente *–el arrebato de Briseida-* es re- significado, por el semidiós, como una afrenta a su preclara individualidad.

Advirtiendo la dimensión esencialmente simbólica del conflicto planteado, Ayante *–uno de los príncipes que integraban la comitiva hacia él enviada-* le manifiesta su desacuerdo, en términos casuísticos:

"(…) *por la muerte del hermano o del hijo se recibe una compensación, y una vez pagada la importante cantidad, el matador se queda en el pueblo, y el corazón y el ánimo airado del ofendido se apaciguan con la compensación recibida*".

Si una norma común es necesaria, dice el enviado del rey, no ha de haber individuos exentos de su alcance ni daños de determinación imposible; la ficción simbólica del derecho debe ser un concepto naturalmente globalizante.

En esta posición de filosofía jurídica no existen las lagunas –la larga mano del promedio alcanzará a todos los supuestos de la *realidad* unívoca- ni las excepciones: aún en situaciones extremas, como la muerte de un hijo o un hermano; la vigencia del orden jurídico, así entendido, importa la aceptación -por parte del dañado- de una reparación predeterminada (o, a lo sumo, predeterminable) con suficiente aptitud como para "*apaciguar su ánimo y su corazón"*, en vistas a la defensa de la integridad del colectivo social que lo involucra.

Puede observarse, en esta postulación del príncipe embajador, el desplazamiento de la *creencia y la predisposición kantiana al respeto del sistema* hacia términos de valor, su envío hacia dominios axiológicos y el despojo de su naturaleza sociológica.

No obstante, aún en la representación, - y aunque fuera entendida solo como deber ser o intencionalidad, en términos de *predisposición-* la *creencia* no puede dejar de ser una conducta; lo es, aunque Ayante identifique la fatal elección de lo impuesto[3] con la más llana (y única) posibilidad de la ley.

En la lógica del conjunto, la juridicidad se entiende como de integración vertical y, entonces, la idea general (la re-presentación del colectivo, como tal) predomina sobre la idea particular de lo justo (el individuo), que solo puede ocupar un lugar de preponderancia, en supuestos de secesión, desplazándola por *asalto* o *subversión.*

En contraposición; el concepto de cargas de significación supone una integración horizontal y en su consideración remite, directamente, al dominio de la idea particular de lo justo (aquella por la que el individuo se sitúa frente al orden común que establece, para él, los límites de lo pensable).

Idea particular de lo justo que, en todo supuesto de apreciación de un daño, reconoce una hipótesis de conflicto respecto a la idea general, en cuya representación ha sido concebida.

Conflicto, éste, planteado por la dificultad de integración inherente a la disimilitud entre los puntos de vista involucrados –y, en ella, magnificada, además por la generación de cargas de significación, en opuestas direcciones para cada uno de los involucrados en una acción dañosa (víctima o victimario)- que acaba por:

a.-) Impedir la integración jerárquica entre la idea general de lo justo y su representación particular (postura que sustenta el establecimiento a priori de una medida para toda *reparación*) en tanto las ideas particulares devienen incompatibles.[4]

b.-) Exponer, consecuentemente, la precariedad de la integración vertical entre el orden de lo público y el orden de lo privado.

c.-) Escindir la vinculación entre el ser en acto y el ser representado y quebrar, con ello, la metáfora del ser de representación (la *persona jurídica*, el *sujeto de derecho,* aquel que no puede existir, fuera de su naturaleza representable).

---

3 Claro está que, desde una postura de absolutismo determinista, como aquella que es natural a todo Rey Legislador, los justiciables no tendrían otro camino más que el de elegir lo impuesto y querer lo inevitable.

4 Este punto quedará muy claramente demostrado, respecto al caso específico comentado, en los puntos 3) –postura de Aquiles en tanto víctima, y 4) posición de Agamenón en cuanto legislador arbitrario, de este mismo desarrollo.

d.) Ampliar, hasta lo inconcebible, el espacio de verosimilitud[5] y

e.-) Potenciar la urgencia de una decisión que resguarde la construcción de la juridicidad.

LA EXTENSIÓN NO RESARCIBLE DEL CONFLICTO: DAÑO Y ORDEN REPRESENTATIVO

El caso analizado nos plantea, en la re-acción del ofendido, una particularidad interesante: absteniéndose de colaborar en el empeño compartido que, hasta allí, los involucraba –la toma propuesta de la ciudad de Ilión y el rescate de Helena-; los soldados de Aquiles permanecen en el sitio de combate.

Abren, así –en el resto de las huestes aqueas - una huella de percepción de arbitrariedad en la conducta del rey, que irá ahondándose continuadamente, durante todo el tiempo –y durante cada día- en el que a su líder –Aquiles, la víctima- no le sea *devuelto* el bien sustraído. .

Ante la eventualidad de cada batalla, el daño provocado por la arbitrariedad del legislador –el soberano- se actualiza, se re-genera; sus cargas de significación negativa crecen exponencialmente.

La confianza de Agamenón se resiente – como un reflejo de la herida abierta en la juridicidad, por él, personificada- en cuanto debe aceptar, por imperio de las circunstancias y a tenor de la evidencia, que la participación de los mirmidones en la batalla es fundamental para el logro del objetivo común de victoria y sabe, además, que ese conocimiento es compartido por sus propios soldados, quienes atribuyen a su arbitrariedad todo retroceso en la lid.

Es decir que:

- La abstención del combate dispuesta por el jefe de los mirmidones, provoca una menor credibilidad del conjunto de las tropas griegas en el sistema que las estructura (un acontecimiento genera su re- presentación significativa, más allá de los involucrados en él).

- La menor credibilidad de los soldad os griegos –ahora, críticos de la ley que los sitúa como tales - importará necesariamente una merma en su rendimiento en los combates (una re-presentación disvaliosa, traslada su carga de significación negativa al orden de los acontecimientos).

- La pérdida de posiciones en la lid, minará la confianza de Agamenón, y su fe en una victoria cada vez más improbable (un acontecimiento evidentemente negativo, condiciona las posibilidades de re-presentación).

Acontecimiento y representación, representación y lenguaje, lenguaje y acontecimiento. *Otro* acontecimiento que exhibe –*tal vez, orgulloso*- la diferencia de su nominación. Y una nueva re-presentación.

La rueda gira, deviene indetenible, la geometría de la racionalidad expone

5 Llamamos, aquí, *espacio de verosimilitud*, al espacio-tiempo existente entre *lo* (que es) *cierto* –y, en nuestra postura, permanece inasible- y aquello que, en derecho *se tiene por verdadero* a los fines de imposición de la juridicidad. Ya Platón supo advertir, a través de Simmias, que *"en los tribunales, lo verosímil vale más que lo cierto y entonces, la verdad, si no es verosímil, debiera callarse ante los estrados"*.

sus dificultades de *concepto* , aunque –*todavía*- no de *ideas*[6]. Parece claro que, de haber los mirmidones retornado a su patria, la *proyección imaginaria* –del alcance del poderío de las huestes aquilianas - y su verosimilitud en la *realidad tolerada* por los restantes combatientes griegos[7] no hubiera trazado una huella tan determinante en el (des)crédito del Legislador arbitrario -o, lo que es lo mismo en este caso, en la predisposición de creencia hacia una juridicidad común-.

Pero los mirmidones permanecen allí.

Su ausencia-presente en el empeño de la lucha común –que impide la *enunciación simbólica* de la *verosimilitud tolerada* por el resto-, no es sino el recuerdo permanente de la imposibilidad; la garantía de continuidad en la ejecución del daño ocasionado a su jefe, por la arbitrariedad del soberano.

Su permanencia en la proyección re-presentativa de los otros combatientes griegos:

a.-) Imposibilita el duelo –aquel que, una vez realizado, podría devolver, a estos soldados, la confianza en sus acciones y detener la caída en la credibilidad del sistema-.

b.-) Deniega cualquier chance de resignación y,

c.-) Al exponer la inexistencia de razones válidas para una carencia evitable, en principio, y la magnificación de los daños resultantes, en su consecuencia, dificulta las posibilidades de imposición del sistema de justicia dentro del que se manifiesta.

El "incidente Briseida" plantea, así, el enfrentamiento entre distintas formas posibles de representación de la idea general de lo justo, imperante en una comunidad (en este caso, el ejército aqueo) y expone, consecuentemente, disímiles maneras de aprehensión y comprensión de la Ley, en la unicidad particular de los individuos sujetos a ella.

En él, podemos observar que:

- Un incidente material deviene en una tragedia simbólica

El simple arrebato de una compañía femenina agradable, supone un punto de no retorno, desde la perspectiva de las cargas de significación en juego.

- La fuerza representativa de una omisión deviene en un desastre material

Las tropas aqueas se hallan debilitadas materialmente, por la no concurrencia de los mirmidones a la batalla, pero esta insuficiencia es mucho mayor, como ya hemos visto, en el plano representativo. Están mal, pero se ven peor.

---

6 La diferenciación se establece tomando los términos de la lectura kantiana de Lyotard, que identifica a la *idea* como ajena, por completo, a cualquier inclusividad del acontecimiento –planteándose, entonces, como intuición-, en franca oposición al *concepto* que incluye en su naturaleza dual, la remisión al orden de lo fáctico (aquello que se conceptúa) y resulta más afín a la pretensión de todo saber sistemático. Ejemplificando esta lectura, J.F. Lyotard propone a la filosofía como *sistema de representación conceptual*, por un lado, y a la razón pura kantiana, como *idea*, por el otro.

7 Párrafos más adelante, desarrollaremos in extenso este concepto, al decir que "*...la verdad (o aquello que se tiene por tal, lo verosímil, la perspectiva dentro de la que se actúa) se tolera desde lo real, se enuncia desde lo simbólico y se proyecta des de lo imaginario...*"

Todo acontecimiento real -en este caso, el arrebato de la joven, por parte del Legislador- es re-presentado y fijado históricamente, adjudicándosele -*como propias*- determinadas consecuencias (también situadas en el terreno de lo fáctico); la omisión de prestar concurso a las luchas comunes, por ejemplo.

Pero la interrelación de tales *hechos* solo puede entenderse desde la representación.

Y es este elemento simbólico -en el que se generan las cargas de significación- el que habrá de mutar según la percepción de quien asuma la tarea de interpretación y, luego, de aplicación: el juzgamiento.

Claro está que, en este planteo, no solo los jueces juzgan: también lo hacen la historia, el legislador -presente o futuro- el propio imputado o responsable, la víctima y hasta el "buen padre de familia" que imaginaron los codificadores románicos.

Y ello porque, a partir de aceptarse su integración horizontal con la cosmovisión común; el complejo jurídico habitará, en última instancia, en el inconsciente individual de cada justiciable.

AQUILES O LA INTERPRETACIÓN DE LA VÍCTIMA. LA PERCEPCIÓN DE INJUSTICIA

La sustracción de la joven hija de Briseo daña a Aquiles, no tanto por el hecho en sí -*el verse, intempestivamente, privado de una compañía femenina que le resultaba agradable*- sino en el contenido de la interpretación que, según su visión -y, *supone, también la de los restantes príncipes*-, conlleva el accionar de Agamenón.

Desde su punto de vista particular, surge lícito atribuir al comportamiento del rey, entre otras, las siguientes cargas de significación:

- Desconocimiento, por parte de un simple mortal, a su progenie divina. Ingratitud hacia su humilde decisión de guerrear bajo el mando de aquél.

- Falta de correspondencia a su generosa decisión de sumarse a una guerra, librada por reivindicación de afrentas ajenas.

- Abuso de poder. Fijación de un precedente que atestigua la posibilidad de privarlo de una recompensa, lícitamente obtenida en la lid.

- Irreverencia y descrédito a su fuerza superlativa.

Es por todo ello que, según el criterio particular de Aquiles, el daño que se le ha infringido se presenta como de determinación imposible. Ocurrido el arrebato, el semidiós decide abstenerse de cumplir con la obligación comprometida oportunamente - *la participación de su ejército en las tropas aqueas*- aún cuando sabe que, la magnitud de tal afrenta no justifica el abandono definitivo del escenario de batalla.

Encerrándose en su cólera, Aquiles no decide el retorno de los mirmidones a su patria sino que, él y sus formidables huestes, permanecen en las naves y se transforman en observadores de los acontecimientos. Testigos mudos de los resultados de su propia ausencia; prueba visible -*para los combatientes*- de una mala decisión adoptada por la autoridad reconocida, víctimas de la injusticia que minan -*con su sola presencia inmóvil*- el crédito del sistema.

Agamenón o la necesidad de exceso de la autoridad debilitada. La primacía de la cohesión

En su posición de garante del funcionamiento del sistema, el rey Agamenón se siente amenazado por el carácter, esencialmente precario, de la autoridad que los restantes príncipes aqueos le han reconocido. Sobradamente entiende que, tal autoridad, solo es un mandato ocasional, una suerte de "*poder especial de dirección en la batalla*", una simple facultad de coordinación. La debilidad genética de su mando resulta evidente, si se considera que:

- El resultado de la contienda en la que se hallan, todos empeñados, no le pertenece; solo responderá al capricho de Zeus. No obstante, la responsabilidad principal ante un hipotético fracaso, le será atribuible.

- Su autoridad carece de todo origen divino. Apenas se le ha otorgado en mérito a la notable preeminencia que ostenta sobre su hermano Menelao, principal damnificado en el hecho que motivara el inicio de la acción bélica *-el robo de su esposa Helena, por parte del troyano Paris-*.

- Indirectamente y por vía del consejo, las decisiones adoptadas en junta de príncipes revisten suficiente entidad, moral, como para obligarlo.

Desde el supremo punto de vista del propio rey de hombres, el arrebato de Briseida no es más que un intento de ratificación de poder, instrumentado en el curso de una instancia crítica.

Así lo demuestra, incluso, cuando propone devolverla a Aquiles, jurando solemnemente "*no haber subido jamás a su lecho*" aseverando además, con esta simple formulación que:

- Mantenido bajo su dominio, el bien sustraído no había sido jamás utilizado.

- El arrebato no había respondido a un fin práctico. Por el contrario, la importancia adjudicada a la representación del acto de la sustracción, había sido de mayor entidad que aquella atribuida al *objeto sustraído en sí*.

- La apropiación de la recompensa de Aquiles revistió, para Agamenón, un interés mayor que la compañía de la joven dama.

Al dirigir su reprochable comportamiento, que sabe abusivo, precisamente contra Aquiles *–por un lado, un semidiós; por el otro, el más feroz de sus subordinados-* el rey enuncia un claro mensaje para el resto de los jefes: cualquiera puede perder su recompensa si así lo dispone la autoridad, fuente de toda norma.

Entendido como un relato surgido de la urgencia, este mensaje:

- Es una decisión política[8] antes que jurídica;

- Es un comportamiento, de inexistente ética, por el que el soberano impone –y, palmariamente, expone- la arbitrariedad en las cargas de significación que adjudica a sus mandatos.

- Basado en el temor -o, al menos, en la pretensión de generar temor- se estructura en la aspiración manifiesta, del rey, de lograr la predisposición a la

8 Arrogándonos la licencia, claro está, de la utilización de tal término, en su actual significado, cuando nos estamos refiriendo a tiempos anteriores a la formación de las polis.

creencia9 en la juridicidad, cuya personificación asume, de todos aquellos que se encuentran bajo su imperio.

LA TENSIÓN: INSTAURACIÓN DE LA JURIDICIDAD COMO INSTANCIA ALIENANTE

Suficientemente apreciada por la pluma magistral de Homero, la tensión entre las pautas subjetivas y objetivas para la fijación de un daño y su cuantificación adecuada, configura, desde siempre, una de las cuestiones con mayor aptitud conflictiva, de entre todas aquellas que integran el ordenamiento jurídico: es, en cuanto elección impuesta, una instancia claramente alienante.

La dificultad de apreciación adquiere, aún, mayor relevancia si se considera -*en consonancia con la perspectiva doctrinaria actual*- que todo daño infringido a un sujeto excede largamente, en sus cargas de significación, el espacio (y el tiempo) de la actividad jurídica en el marco de la cual se produjo.

Una vez manifestado, el daño habrá de trasladarse, indefectiblemente, hacia la esfera de acción de la víctima y a su conjunto de relaciones, contemporáneas y futuras.

Ello supone, entre otras cosas que:

a.-) La frontera de afectación de los llamados "*damnificados indirectos*"[10] es cada vez más difusa.

b.-) La *clasificación teórica* (binaria) de las consecuencias dañosas, deviene cada vez más insuficiente.

c.-) El acotamiento del perjuicio reparable -*la medida, en fin, del resarcimiento*- resulta cada vez más discutible.

Toda reparación insuficiente importa la persistencia del daño y sus efectos nocivos; todo resarcimiento excesivo implica, a su vez, la causación arbitraria de un nuevo perjuicio.

Tales son los límites dentro de los que la juridicidad habrá de perseguir la ilusión de una reparación justa que, siendo así percibida por el colectivo social en el que rige, lo exceptúe de afrontar el riesgo de pérdida de credibilidad ante cada instancia concreta de cuantificación.

Ilusión que, en definitiva y siguiendo el planteo derrideano, habrá de

9 *Achtung* o respeto, según Kant, hábito general de obediencia, según Hart.

10 Este concepto jurídico habitual que, adelantamos, no compartimos; ha sido objeto de un análisis in extenso, por nuestra parte, en la ponencia titulada *El daño extrapatrimonial de los llamados damnificados indirectos ante supuestos de irreversibilidad de las consecuencias dañosas,* presentada ante el Congreso Internacional de Daños, Bs. As. 2005, y que tuviera profusa difusión *(Microjuris, Boletín de Doctrina y Juriprudencia, ref: MJD 3188, El Dial, Suplemento de seguros y reaseguros Julio 2005, La Ley, 2005 II- 388)*. Sostenemos, allí, que no puede haber "*damnificados indirectos*" de un daño, en tanto, quien padece un menoscabo por acción dañosa de otra persona lo sufre, siempre, directamente, aún cuando no estuviera presente en el escenario de su producción y las consecuencias le alcanzaran en un tiempo posterior. Ergo, ante la producción de un daño, o se es damnificado directo o no se es damnificado.

situarse más acá de la justicia y más allá del Derecho y exigirá, siempre, la urgente decisión del juzgador.

Cada vez que un *acto de justicia* es necesario, será, siempre, necesario ya; pero la decisión de su *sentido* se revela como una decisión imposible, al pensarse en la habitual terminología del acto metafórico de representación (el proceso): *"será – o, por ser- justicia"*.

Irrecuperable el prestigio de la lexis de los tiempos micénicos - cuando, a decir de Fénix, era *"en la funesta batalla y en el ágora donde los varones se hacen ilustres, hablando bien y realizando grandes hechos"*[11] el discurso jurídico se agobia en el descrédito de su verosimilitud, debatiéndose ante el reconocimiento de una "multiplicidad" de víctimas y los límites a su legitimación, profundizando su crisis de valores y alejándose de su antigua pretensión de verdad.

Resurge, entonces, la tensión primordial; regresan y se reformulan *-en el ciclo de su curso y recurso o imposible retorno, nunca idéntico*[12] las viejas inquietudes homéricas, aún no resueltas:

1.-) ¿Qué es *"lo suyo de cada uno"* que, en críptica formulación, suele enunciarse como toda definición de equidad? Antes bien, en relación específica al tema en análisis, ¿en cuánto valora, cada uno, lo suyo?

2.-) ¿Resulta *un acto de justicia* subjetivizar, al extremo, la apreciación de los efectos de una acción dañosa pretendiendo establecer, en cada caso aisladamente considerado, *"la medida individual del ánimo y el corazón"* que

---

11 HOMERO, Ilíada, pág. 146. Es interesante esta formulación de Fénix, en cuanto remite (hacia el pasado) a un tiempo remoto (e inverificable) en donde *re-presentación* y *acontecimiento* se superpondrían sin restos, se cubrirían sin rastros lingüísticos y anularían los envíos. En similar postura, Heidegger plantea esta *realidad* (hacia el futuro) para el superhombre nietzscheano, al momento de enunciar su interpretación de la discutida, y tal vez inacabada, formulación del *eterno retorno.* La conclusión podría ser que para el ser mortal (aún para el ser semidivino, como Aquiles, en cuanto está sujeto a la temporalidad) la representación nunca es exacta, según pretendemos demostrar aquí. Los hombres legendarios a los que se refería Homero, por boca de Fénix, se yerguen en la realidad imaginativa -de los ya legendarios príncipes aqueos- como superhombres, al modo de Nietzsche: unos y otros pueden situarse hacia el pasado o hacia el futuro pero, en cuanto no temporales, no pueden compartir el presente de la narración que a ellos se refiere. En esta negación, los restos son permanentes, los envíos se tornan ineludibles y la pretensión de acceso a la verdad deviene vana; según nuestro entendimiento, por fin, siendo vana la pretensión de acceso a la verdad, no pueden jerarquizarse las verosimilitudes, ni diferenciarse ontológicamente las vidas más allá de sus proyectos.

12 Coincidimos con Heidegger respecto a que la temporalidad que Nietzsche toma de la concepción griega y propone cíclica y fatal, solo es aplicable en Occidente al superhombre, para quien acontecimiento (hecho) y sentido (representación) se funden por identificación y, en el propio proceso de asimilación conceptual, acaban por negarse. Limitándonos, sin embargo en este análisis, al ser humano (escindido entre acontecimiento y sentido; ser en acto y, también, ser en cuanto representación) observamos la imposibilidad de aprehensión de la repetición en el acaecimiento.
Disentimos, por último, con la difundida postura de identificar el significado de este *retorno* con la idea del *devenir* (o fluir continuo) que Nietzsche toma de Heráclito, en cuanto el retorno no puede pensarse alejado de lo fáctico –a diferencia del devenir, cuyo signo es la imprevisibilidad- siempre implica la noción previa de aquello que retorna; siempre es el retorno de "algo", no puede concebirse como pura representación

ha de apaciguarse? Por el contrario, si se elige una visión de promedio, ¿hasta dónde pueden clasificarse los "ánimos y corazones humanos susceptibles de ser objeto de daño", sin incurrir en groseras inequidades?

3.-) Si aceptamos el camino de la apreciación subjetiva; ¿cuál, o cuales, de todos los sujetos involucrados en una acción dañosa –víctimas y causante o causantes del daño- habrá de primar para determinar, equitativamente, la fijación de un resarcimiento con aptitud de percibirse como equitativo? Si, por el contrario, simplificamos el trayecto estableciendo la objetivización de todos los perjuicios: ¿no es el establecimiento de un baremo de reparación, la única garantía de que en ningún supuesto, tal resarcimiento configurará un *acto de justicia*?

LA RESOLUCIÓN PUNTUAL

En el hecho narrado, la carga de significación de la permanencia exagerada de los mirmidones en actitud de inacción, resulta ser la compensación exacta para el agravio sufrido por su jefe. Un incidente material que deviene en una afrenta simbólica, es resarcido por la fuerza representativa de una omisión, que deriva en un desastre material.

Sería necesaria una pérdida real –*la muerte de su amado Patroclo*- para que Aquiles deponga su actitud omisiva, la fuerza de su lexis regrese al plano fáctico o de representación directa y, al fin, los mirmidones retornen al combate.

Por fuera del hecho puntual -para el caso apenas un ejemplo azarosamente escogido, entre tantos otros - parecería posible afirmar, que:

> **a.-)** La hipótesis teórica de un Derecho cuasipersonalizado, con aptitud de reconocer –*y meritar adecuadamente* - las características propias de cada uno de los individuos involucrados en su regulación –*cuya bandera hace flamear Homero en el ejército mirmidón, encabezado por Aquiles*- podría resultar, ante la eventualidad de su manifestación pragmática, la construcción "post rem"[13] de la norma.

Llevada a su paroxismo, tal pretensión, podría asemejarse al viejo sueño de la cartografía, rescatado por Borges: la construcción de un mapa exacto, en escala uno a uno, con aptitud para superponerse, sin el menor desvío, al mismo territorio material representado[14]. No obstante, en el acto de representación, el carácter de acontecimiento tampoco puede perderse: aún cuando fuera alguna vez alcanzado, este hipotético mapa en tamaño real –o, *en similar sentido, el gran logro de la exacta apreciación del sujeto por parte de la norma*- habrá de requerir su

13 Tomando esta noción, claro está, en el sentido nietzscheano de *El origen de la tragedia*, donde se expresa (pág. 108) que: *"las ideas son los universales post rem* (donde, sostenemos, se ubicaría la norma, en la interpretación de Aquiles); *pero la música* (tomada, en nuestro planteo, como construcción posible solo desde la abstracción y la pretensión de exactitud y asimilable, por caso, a la ciencia matemática) *da los universales ante rem, y la realidad* (establece, fija o determina) *los universales in re"*.

14 ¿De qué otra forma podría interpretarse, si no, el imperio de re-presentación (y nulo acontecimiento) que era, en sí mismo, *Funes, el memorioso*? Ver los fundamentos de esta afirmación en BORGES, J.L., *Obras Completas I*, págs. 469 y ss.

propia representación. La pretensión de una apreciación particularizada, que sobresignifique el alcance de las cargas de significación, importa - *además de una fantástica superposición de normas y una inconcebible inflación legislativa-* el imperio de lo múltiple no reducible a uno, la imprevisibilidad, la nula correlación entre los hechos y sus consecuencias, la percepción del fracaso de lo común.

> **b.-)** Paralelamente, el rol que el autor de "La Ilíada" adjudica al rey de hombres supone una angustiosa persecución de fortalecimiento del principio de autoridad, en la implementación de una suerte de "universal ante rem" que prescinde de las particularidades y asume, sin declamarla, la sistémica necesidad ineludible de contar con cierto grado de injusticia, en mérito a la cohesión insoslayable para la pacífica supervivencia del colectivo.

Finalidad que importa, por un lado, la necesidad de despersonalización de los justiciables y, por el otro, la objetivización del mandato jurídico hasta el extremo de incluir, en sus límites, las posibilidades de la arbitrariedad y del abuso.

Concentrado en su poder ficticio, Agamenón (el soberano) se asume como el único sujeto posible en el marco de un Derecho apriorístico y niega toda discrecionalidad que no sea la suya.

La rigurosidad de su actitud propone un derecho cerrado, hermético, pautado, con recurrencia a los baremos y pretensiones de cientificidad.

Toda representación tiene un límite, sin embargo.

Al final, los troyanos cometen la imprudencia de matar a Patroclo y provocan, a partir de este hecho, la decisión de Aquiles de retornar al combate.

La lucha termina por resolverse, entonces, desde el plano de lo material; con los mirmidones en acción, no hay equivalencias posibles. Mucho más aún, en cuanto las cargas de significación de este retorno importan un impulso positivo hacia el resto de los combatientes y, además, porque el motivo de tal reingreso a las acciones bélicas –la muerte de un ser querido- potencia, desde la ira, la agresividad natural de Aquiles.

Antes que enemigo de Héctor y sus troyanos; Aquiles se asume como jefe del más fantástico ejército jamás reunido; como el más bravo guerrero a disposición de las huestes de Grecia, y a ello exige respeto, con independencia de la naturaleza o identificación de quien fuere su rival en los combates.

Pero, aún antes que un gran guerrero, Aquiles es –para sí mismo- el íntimo amigo de Patroclo.

Y es en este orden de prioridades -del propio dañado- sobre los accidentes que definen el ser de su personalidad semidivina, que debe rastrearse la carga de significación del perjuicio impetrado.

El semidiós asume que su contienda con Agamenón se da solo en el marco del no reconocimiento a su capacidad guerrera –es, podríamos decir, "*un daño hacia fuera*" o, más modernamente "*un menoscabo a la imagen*"- y, entonces, la vida de su amigo –que es "*un daño hacia adentro*" o "*un menoscabo a la existencia*"- lo afecta mucho más.

A partir de la desaparición de Patroclo - y sin él- Aquiles advierte la imposición de una carencia impensada en su tiempo futuro.

Tal es la inconmensurabilidad de la carga de significación del daño que se le ha infringido y que lo obliga –sin lugar a dudas - a ordenar el retorno de sus combatientes a la lucha común (posibilidad que había rechazado al responder negativamente a la propuesta de "resarcimiento" que le enviara la embajada del rey).

CARGAS DE SIGNIFICACIÓN Y ORDEN SIMBÓLICO

Sostenemos, entonces, que el concepto de carga de significación – que aquí venimos desarrollando- guarda una estrecha relación con la apreciación del ser humano en su proyección lógica, en su naturaleza de promesa.

"*Sabemos lo que somos, pero no sabemos lo que podemos ser*" hace decir William Shakespeare a Ofelia en un momento fundamental de la obra que muchos tienen por su producción cumbre: Hamlet.[15]

En el espacio que media entre lo que somos y aquellos que, razonablemente, pensamos que podemos ser; habita el concepto de posibilidad (de superación, de confirmación, de logro). Y toda posibilidad es, en sí, una promesa de superación, aún en el más básico de sus planos.

La idea del ser humano, en sí mismo, como promesa de superación; no es nueva, sin embargo.

Ha sido defendida, dentro del marco de la fenomenología, por Henry Bergson, fundamentalmente en su obra *La evolución creadora*[16], en la formulación de un concepto de tiempo continuo, definido como *duración*.

Este concepto – que postula la existencia de (un mínimo de) simultaneidad en toda sucesión- puede ser fácilmente apreciable en el *tempo* propio de cualquier composición musical, en donde cada nota persiste en el

---

15 Shakespeare, William, *Hamlet*. Esta frase es pronunciada por Ofelia (prometida del príncipe Hamlet) en momentos en que se enfrenta a la locura – daño irreparable- que supone ha producido en su amado, el fallecimiento del padre. Sin embargo, Hamlet solo estaba paralizado por el temor ante el ***deber ser*** que, un conocimiento adquirido por revelación –el asesinato de su padre, a manos de su tío Claudio y las posteriores bodas de éste con su madre, según ya explicitamos- le imponía. Postulamos, por fin, y según lo hemos planteado ya en trabajos anteriores, que aún cuando desconocemos su estado, lo que seremos está –de algún modo- en lo que somos; en condición de posibilidad. De no ser así, cualquier daño resultaría, también, inapreciable.

16 BERGSON, Henry; *La evolución creadora*, págs. 17 y 18: "*… y entonces, por más que se alineen esos estados unos junto a otros sobre el YO que los sostiene, esos sólidos enfilados en algo sólido jamás podrán dar una duración fluyente. La verdad es que así se obtiene una imitación artificial de la vida interior, un equivalente estático que se prestará mejor a las exigencias de la lógica y del lenguaje, precisamente porque en él se habrá eliminado el tiempo real. Mas, por lo que se refiere a la vida psicológica tal y como se desenvuelve bajo los símbolos que la encubren, se ve sin dificultad que el tiempo es su propio tejido.*
No hay tejido más resistente ni más sustancial. Pues nuestra duración no consiste en un instante que reemplaza a otro instante; solo habría entonces presente y no una prolongación del pasado en lo actual, una evolución, una duración concreta. La duración es el continuo progreso del pasado que va comiéndose al futuro y va hinchándose al progresar. Desde el momento en que el pasado se incrementa sin cesar, también se conserva indefinidamente…"

aire -más allá de su manifestación, en exceso de sí misma- y determina una huella que limita las posibilidades de desarrollo (o de tránsito) de la siguiente.

Desde su concepto de *duración, Bergson* postula al ser humano, no solo como *creación* sino, también, como *creador*: *el creador de sí mismo.*

Pero un creador que, como las notas de una composición musical:

a.-) No puede prescindir del tiempo, en el que expresa la creación (su materia).

b.-) No actúa desde la nada, sino condicionado por las *creaciones* que le precedieron (el pasado).

c.-) No cuenta con posibilidades de expandirse en forma ilimitada, sino que transita por la huella que inscriben, en su memoria, las posibilidades de elección de las que dispone (la libertad).

De modo que el *creador de sí mismo* (en el tiempo y dentro de los límites de su libertad) no es ya el *artista dionisíaco* de Nietzsche quien, en su condición omnipotente de creador y obra de arte, reclamaba la sumisión de los restantes seres y el presentimiento del mundo.

Para Bergson, en cambio, el hombre *se* crea a sí mismo, solo a partir de lo que podríamos llamar *el pasado de lo creado,* que no es más que el presente desde el que se crea; visto desde *su* futuro probable o imaginado; esto es, desde la creación.

Tal es la evolución que se interrumpe a partir de una acción dañosa. Y por eso, el concepto de las *cargas de significación* guarda una estrecha correspondencia con las ideas de tiempo y de libertad, que hacen a la conformación, al ser de cada individuo, en particular.[17] Tomado el tiempo en su concepto continuo, de duración, como (espacio de) creación y herramienta, cada momento es una creación del hoy que proyecta, sostiene Bergson y, entonces; *"Para un ser consciente, existir consiste en cambiar; cambiar, en madurar; y madurar en crearse indefinidamente a sí mismo."*

Si existir es cambiar, cambiar es madurar y madurar es crearse; nada nos impediría abreviar los términos y sostener –atento los planos de identificación discursiva en que se halla planteada esta formulación- que existir no sería más que *crearse indefinidamente a sí mismo,* tal como lo hemos afirmado precedentemente.

Y esa creación, que no puede darse sino en el tiempo *(o duración),* resulta ser la esencia elemental del hombre, y mal puede ser afectada, en sus posibilidades

17 Tal vez esta postura pueda apreciarse, con mayor claridad, en la metáfora bergsoniana del hombre, en su futuro, como un retrato al que, aún cuando pueda explicarse ("*...por la fisonomía del modelo, por la naturaleza del artista, por los colores desleídos en la paleta...*") ni siquiera el artista -aquel que sabe, el hombre en su actualidad, el que conoce la explicación o, en todo caso, quien podría imaginarla- puede prever exactamente.
Ello así pues, predecir el retrato –del futuro de un hombre- equivaldría a producirlo antes de que fuese producido y esta no es más que una hipótesis absurda que se destruye a sí misma: Revertir el tiempo, instituir *lo que aún no es* en *lo que ya fue* y, entonces, a partir de tal institución, modificar *lo que es* y negar la posibilidad de acontecimiento de *aquello que todavía no ha sido* y que, por imperio de esta modificación improbable, *tal vez nunca sea.*

de expansión, por una intromisión disvaliosa ajena.

Décadas después de formulado el planteo bergsoniano, en el mismo sentido aunque en términos más directos - y, tal vez más pasionales -, el filósofo de la posmodernidad, J. F. Lyotard se preguntaba qué se llamará, exactamente, *humano* en el *hombre*: si (aquello que identificaba como) *la miseria inicial de su infancia* o, muy por el contrario, su capacidad de adquirir una *segunda naturaleza* que, gracias al lenguaje, lo *hace* (o, siguiendo nuestro planteo, lo *haría*, en cuanto resultante de la inscripción de la ley y conciente de su temporalidad finita) *apto para compartir la vida común.*

Concluía, Lyotard, identificando, al ser humano, como una promesa de superación y se planteaba, entonces, un cuestionamiento acerca de la necesidad de identificar *los restos* que, de *esa primera naturaleza,* tal vez puedan *enviarse a* y *persistir en la segunda,* condicionando su tránsito, acotando la huella de libertad para su manifestación.

Su hipótesis intentaba identificar los modos del fracaso: aquellos vestigios de lo que caracterizaba como la *miseria inicial de la infancia* que exponen lo incompleto, los restos de sentido abiertos en la tarea de apropiación *adulta* de la juridicidad.

Palabras finales

Todo límite discrimina y expulsa; los planos generados hacia ambos lados de su emplazamiento se registran en el orden del acontecimiento (el *hecho* y sus *consecuencias)* pero devienen jurídicos, solo, desde su representación.

Así, enfrentados, ya, a la detención –también arbitraria en su inapelabilidad- de estas líneas; venimos a sostener, en consideración a lo narrado, que:

1.-) En la tarea (siempre común) de construcción de la juridicidad –desde el marco de posibilidad que, a su vez, crean las aprehensiones individuales - la imposición de una alternativa binómica excluyente (*ante rem* o *post rem)* instaura, de nuevo, la huella de la discriminación, tanto en la insuficiencia como en el exceso.

2.-) En la urgencia de minimización de lo arbitrario, el propio concepto de *lo justo* impone, entonces, la formulación de una teoría de apreciación del daño situada en el componente representativo (mucho más respecto, en particular, a aquellos daños entendidos como *no patrimoniales*), la construcción de una juridicidad común que –situada más allá y más acá de las ocasionales pretensiones de *verdad*- pueda entenderse *in re.*

3.-) La preponderancia del orden simbólico deviene evidente al considerar que, antes de ser narrado –es decir, representado en el lenguaje con los parámetros de la propia temporalidad y de la propia inscripción de la ley de quien asume su narración- cualquier hecho es esencialmente efímero, está destinado al olvido y a la trivialidad.

4.-) No obstante, el acto representativo que rescata (y, en el mismo momento crucial, configura) el acontecimiento inefable, exhibe los límites de su condición metafórica. Como tal, es acontecimiento y es representación, pero no puede dejar de ser ninguna de las dos cosas sin dejar de ser también la otra. No puede elegir, no puede abdicar –en el acaecimiento de su materialización- de su inescindible naturaleza dual.

5.-) En la instancia de formación del recuerdo, la idea particular de lo justo – el *sentido* de la decis ión, el modo de inscripción de cada hombre en *su* tiempo y en *su* libertad- puede entrar en conflicto con la idea general que enmarca su concepción, pero no puede prescindir de ella como referencia.[18] Más allá de sus imperativos biológicos o de su evidente conformación animal; en cuanto interesa al derecho, el hombre –la persona, el sujeto - supone una construcción cultural que lo precede y lo justifica, participa de un universal que intuye y en el que se siente incluido. Es, en sí, la mirada de quienes lo rodean y, solo después –y aún, desde ellas - la de sí mismo.

Es desde tal postura que intentamos, aquí, proponer la necesidad de construir (colectivamente) una forma de apreciación del daño - susceptible luego de ser individualmente aprehendida- en la consideración de las cargas de significación generadas en el tiempo y en la libertad de la propia víctima pero que considere, también y a partir de la dualidad observada:

1.-) Los límites en sus opciones de posibilidad, en cuanto creación.

2.-) Los alcances de su dis ponibilidad, en cuanto ser proyectivo condicionado (no ex nihilo).

En este marco, y con estas armas, deberá batallarse –aún conociendo la imposibilidad de *la* (idea de) *justicia* como *acto*- tanto contra el residual de impunidad (generado por la percepción de un resarcimiento insuficiente) como contra la generación de un daño inducido por la juridicidad común, en sentido opuesto a aquel que se intenta apreciar (provocado por la percepción de una determinación excesiva).

Desde una adecuada re-presentación de la integridad personal del hombre damnificado por un daño (esto es, de su tiempo y de su libertad individual), el indecidible *acto de justicia* importará la *necesidad* (o, antes que ella, la urgencia) *de un envío imposible* –en términos de irreversibilidad temporal- hacia el momento anterior a la manifestación del daño. Y será, justamente, este *instante de concepción aristotélica* – el límite del *antes* y el *después,* un punto arbitrario del incesante continuo temporal, fijado por la necesidad de conocimiento- aquel en el que:

a.-) El hombre dispone de todas las opciones re-presentadas en su memoria, en cuanto aún no ha sido forzado a la resignación que toda elección supone, y

b.-) El recuerdo -en cuanto resignación y locura kierkegaardiana surgida desde una opción condicionada por (el hecho de) *las consecuencias*- no ha sido formado todavía.

---

18 A este respecto, nos limitamos a realizar una somera mención en cuanto estimamos que, el tema, justifica un abordaje más profundo y, tal vez, unitario. Solo esbozamos, aquí, las relaciones potenciales entre la idea general (la cosmovisión, el marco de lo pensable) y la idea particular de lo justo (el individuo forjado en su referencia), deslindando sus posibilidades de integración vertical (jerárquica) u horizontal (no jerárquica). En tal sentido, nos proponemos advertir que la siempre latente posibilidad de construir la propia idea de lo justo escapando del marco de lo pensable (la generalidad de la cosmovisión compartida) devendrá, necesariamente, en un comportamiento patológico de quien la experimente.

Será ficción

Solo en la adecuada justipreciación de los límites de las cargas significativas así consideradas; el espacio de verosimilitud podría tender a reducirse hasta su insignificancia.

Y, en tal proceso de drástica minimización, la perseguida *justicia* del resarcimiento cercaría una *intuición de verdad* que, por definición, permanece inasible a nuestra perspectiva y, se exhibe, en cuanto *deseo explícito* de todo orden jurídico, como esencial y fatalmente insatisfecha, en cuanto intraducible al registro de lo fáctico.

La elección trágica de la juridicidad: ¿se puede pensar un sistema de rebelión permanente?

"La rebelión, desviada de sus orígenes y disfrazada cínicamente, oscila en todos los nivel es entre el sacrificio y el asesinato. Su justicia, que ella esperaba fuese distributiva, se ha hecho sumaria."
Albert Camus.

"El individuo pasa, la sociedad no muere."
Pierre Joseph Proudhon.

Introducción: El Derecho después de Troya, un postulado trágico

La guerra de Troya había terminado con las honras fúnebres de Héctor y la caída de las murallas, antes invictas. De lejos, el cobarde París –quien solo era admirable por su apariencia y demostraba mayor habilidad con la cítara que con la lanza- había acabado ya con la vida mitológica de Aquiles, el más grande de todos los guerreros. Mientras el fuego consumía una ciudad de leyenda, los valores comenzaban a confundirse. El mundo jamás volvería a ser unívoco.

Diez años antes, había sido posible reunir un ejército de mil naves para que una hermosa dama, casada y perdida por una pasión arrebatadora, volviera a habitar las moradas de su esposo. *"No he venido a Troya por esta mujer, como se cree, sino contra el hombre que ha violado mi hospitalidad"*[1] dice Menelao y, tras la enunciación de su intención de matar a Helena, pretende disimular -amparándose en la obligación de venganza prescripta por la costumbre y en la intención de ejemplaridad, que impone la fijación de un precedente- el verdadero objetivo de su reacción, pasional, de marido burlado.

Siempre ha sido más digno combatir por una abstracción: en idénticas lides, Agamenón perseguía el poder; Aquiles, la gloria.

La batalla por el derecho habría de ser, sin embargo y a través de los treinta siglos siguientes, una batalla perpetua.

Entre la necesidad de lo jurídico y el deseo de lo justo

Sabemos que, aún desde una perspectiva nietzscheana, el devenir no es habitable. Si el pensamiento racional tiene sus límites, también los tiene la intuición.[2]

---

1 EURÍPIDES, *Las troyanas*, pág. 49.

2 En *El origen de la Tragedia*, NIETZSCHE reclama a Sócrates, en estos términos: *"quizás se debió decir a si mismo: lo que no es comprensible para mí, no es necesariamente lo incomprensible. Quizás haya un límite de la sabiduría de donde esté desterrada la lógica..."* No obstante, en su intento de oposición de un sistema *'de ideas- fuerza'* a la lógica socrática; ni siquiera él – ni

La form a -siempre arbitraria- de fijación de la juridicidad en cada colectivo, habrá de instaurar un marco de pensamiento posible para quienes transiten su huella y busquen - dentro de los parámetros que ella determina- su propia idea de lo justo: Los universales y los infinitos no resultan percibibles para el hombre.

Sin la predisposición a la creencia -incluso si se considerare a la verosimilitud conjunta que es su objeto, como un *error necesario-*, la libertad individual devendrá en una postulación abstracta, supeditada al flujo impredecible de incoherentes fuerzas opresivas.

Y, en tal sentido, la necesidad de respeto a este *error de situación,* deviene apremiante cuando se considera que, fuera de su opción de libertad en la búsqueda (según entendemos, imposible) del acto de justicia; el hombre será solo el azar de una materia informe.

Así lo advirtió, incluso, el iniciador del pensamiento sistémico anarquista cuando, al citar la *Filosofía Moral* de Cousin, en su obra cumbre,[3] sostuvo que *"al derecho no se lo tolera, se lo respeta."*

Los límites de la exageración

Esta necesidad de respeto -y no de simple tolerancia- hacia el orden simbólico, nos impone plantearnos, entre otras urgencias, por qué no puede decirse, válidamente, que el derecho es *"solo la predicción de lo que dirán los jueces."*[4]

Y sostenemos que no puede hacerse, precisamente, porque tal posición importa la negación del marco posible de pensamiento que la inscripción de

en la inconmensurabilidad de su genio ni en la evidencia de su locura-, logró prescindir de la idea de Dios (legitimación última y primordial de toda construcción lógica); aún cuando fuera para anunciar la muerte del concepto que la involucra.

3 Nos referimos, por supuesto a PROUDHON, Pierre Joseph en ¿Qué *es la propiedad?*, cita de página 61.

4 *"Predicción"* es el término utilizado por Alf Ross y es mucho menos extremo que *"profecía"*, que es el término elegido por Holmes. En esta perspectiva, el realismo norteamericano asoma incluso más tajante que el pragmatismo escandinavo. Su iniciador, Oliver Wendell Holmes, ya en 1897 enunció la tan citada frase: "(...) *las profecías de lo que los tribunales harán de hecho, y no otra cosa con más pretensiones, tal es lo que entiendo por derecho.*" En el mismo sentido, y en la formulación de un postulado aún más extremo, John Chipman Gray sostuvo que: " (...) *el derecho de una gran nación está constituido por las opiniones de media docena de caballeros ancianos, algunos de ellos, concebiblemente, de muy limitada inteligencia...* (puesto que) ... *si media docena de caballeros ancianos integran el tribunal más alto de un país, entonces, ninguna regla o principio que ellos se rehúsen a seguir, será derecho en dicho país.*" A partir de este punto, la idea fue llevada hasta sus conclusiones lógicas aporéticas por Jerome Frank, quien se animó a sostener que el derecho no consiste en absoluto en reglas, sino únicamente, en la suma total de las decisiones individuales (de los jueces). Décadas después, y en un retorno hacia concepciones menos extremas, Benjamín Cardozo escribió: "(...) *yo veo un vasto y poco preciso conglomerado de principios y reglas y costumbres y usos y pautas morales, listos para ser incorporados en una decisión según cierto proceso de selección a ser practicado por un juez. Si tales elementos tienen la firmeza suficiente como para justificar, con razonable certeza la predicción de que hallarán el respaldo del tribunal en caso de que su autoridad sea controvertida, entonces digo que los mismos son derecho.*" En ROSS, Alf, *Sobre el Derecho y la Justicia*, págs. 101 y 102.

la juridicidad instaura y, en ese mecanismo técnico de supresión, supone una simplificación teórica de proporciones impropias.

En el espacio de la verosimilitud, no solo los jueces juzgan: también lo hacen la historia, el legislador -presente o futuro- el propio imputado o responsable, la víctima y hasta el "*buen padre de familia*" que imaginaron los codificadores románicos.

Todos tenemos una visión propia -particular y general, aún cuando fragmentaria- de lo justo y es en esa idea, que nos constituye como individuos sociales, donde el discurso jurídico habita. Somos el derecho que vivimos.

Como sucede con la lengua -que era, para los griegos, el país -, el marco de mandatos conceptuales que nos involucra, limita los extremos de nuestro pensamiento.

Es, justamente, con vistas a la necesidad de convivencia que - integrados en el conjunto de la convención aparente, que es cada sociedad- se nos impone la obligación de tomar aquella juridicidad de la que -más o menos azarosamente, aunque por pertenencia ineludible- participamos, como huella de tránsito en la inscripción de nuestra propia temporalidad[5], individual.

Por la misma circunstancia -y en el otro extremos de la exageración- no puede aceptarse la formulación agustiniana de que *una ley injusta no es ley*: la justicia es una intuición -una idea, en la terminología kantiana- y, con ella como referencia, lo justo se construye desde la individualidad.

Si, según sabemos y se abundará en el marco de este trabajo, la llamada "*verdad formal*" es solo verosimilitud y sí la, inalcanzable, "*verdad real*" no es sino una apariencia más; mal puede hablarse de purezas o exactitudes en el orden de la representación jurídica.

En tal planteo, negar la condición de ley a una norma percibida como injusta supone condenar a la inmanencia fatal la juridicidad común, desconocer su huella -incluso como referencia- e identificar la vigencia de los mandatos legales con el deseo de cada justiciable.

Siguiendo una formulación que Albert Camus utilizaba respecto a los límites de la rebelión; salvo que se participe -como, obviamente, lo hacía Agustín- de la convicción sobre un reino de la *gracia*; mal puede sustituírselo por un reino, idéntico, de la *justicia*.[6]

LO VERO-SÍMIL, LO VERDADERO Y LA URGENCIA DE LA IMPOSIBILIDAD

"*Mi causa es justa*" dice Orestes, enfrentándose a un gravísimo proceso por matricidio en el que -a partir de un giro discursivo notable- se acabará por condenarlo; no a la muerte sino al suicidio.

"*Lo que has de desear, es que así parezca a los ciudadanos*" le responde su amigo Pílades.

El relato es de Eurípides, el último de los poetas trágicos; no obstante, el

5 La noción de *temporalidad* y sus implicancias en la formación de la *individualidad* configuran, justamente, el tema de investigación abordado en nuestra tesis doctoral.

6 Camus postula, exactamente, que "*la empresa esencial de la rebelión consiste en sustituir el reino de la gracia por el de la justicia*". *El hombre rebelde,* página 68.

planteo que este juicio expresa, excede largamente los límites de aquello que solemos aceptar como ficción.

Ya Platón – a quien es, cuanto menos, difícil señalar como pragmático- supo advertir que, en los tribunales, lo verosímil vale más que lo cierto y, entonces la verdad, si no es verosímil, debiera callarse ante los estrados.

Así, considerando que *"verosímil"* es, según Simmias expresara en diálogo con Sócrates, *"lo que parece cierto a la multitud"* –es decir, a todos aquellos que se detienen a juzgar- cada instancia de juzgamiento construirá su propia *"realidad"* en el lenguaje argumentativo de las partes, destinado a con-vencer, a generar certidumbre en quien decide.

Y lo hará acudiendo a conceptos tales como *"verdad formal" o "grados de certeza"* en cuanto sabe, sobradamente, que:

a.-) Toda representación modifica el acontecimiento que la motiva,

b.-) La "verdad" del acontecimiento será solo un "tener por verdadero" en su representación,

c.-) Tal "tener por verdadero" es la verdad en la que se agota el acto representativo.

No obstante, los planos de sentido vuelven a superponerse en esta concepción del acto procesal como "realidad" surgida de la argumentación –opuesta- de las partes: todo proceso es representación de un acontecimiento perdido; pero, a su vez, él también acontece.

¿Quién puede afirmar, exactamente, qué fue lo que ocurrió y que el proceso juzga? ¿Qué es, por lo demás, aquello que no tuvo que ocurrir, para que lo que se juzga acaeciera, efectivamente?

¿Cómo apreciar, con certeza lo que ya no va a pasar? ¿En cuánto incidió lo que nunca pasó para que aquello que se juzga en el proceso, tuviera lugar (y tiempo)?

Toda vez que un acto de justicia sea *necesario*, será necesario *ya*; pero, aún siendo insoslayable como referencia, la justicia será siempre imposible como puro acto: en la demora de su representación, el acto metafórico del juzgamiento pierde la referencia de lo juzgado y se extravía en una infidelidad que importa –en el pensamiento occidental- al menos dos consecuencias ineludibles:

d.-) la inviabilidad del advenimiento de la (intuición de) justicia, como realización.[7]

e.-) La imposibilidad de una verdad que exceda lo verosímil.

Exhibiendo carencias semejantes; los juzgadores –y en nuestro planteo, recordemos, la posibilidad de juzgar no se circunscribe a los jueces - habrán de iniciar una tarea deconstructiva de los relatos involucrados en la narración del

7 Ello porque, según Derrida *"...la justicia, por muy no-presentable que sea, no espera. Para ser directo, simple y breve, diré lo siguiente: una decisión justa es necesaria siempre inmediatamente, enseguida, lo más rápido posible...."* y porque, además, *"...la justicia, en tanto que experiencia de la alteridad absoluta es no-presentable, pero es la ocasión del acontecimiento y la condición de la historia..."* DERRIDA, Jacques, op. cit., págs. 60 y 64.

conflicto, asumiendo –en términos derrideanos -[8] que dicha labor tiene lugar *más acá* de la justicia y *más allá* del derecho positivo, en un espacio signado por la imposibilidad y la resignación.

De tal modo, si cada justiciable – esto es, cada juzgador- pretende la prevalencia de su propia (y fragmentaria) vero-similitud en condición de indubitable verdad (identificando, como ya dijimos, el mandato común con su deseo); la amenaza de disolución acecha. La pretensión de sistemas jurídicos personales al modo intolerante de *"l'etat c'est moi"* magnifica sus riesgos ante la multiplicidad, no concurrente, de justiciables devenidos en *soberanos* por decisión propia.

Consideraciones finales (en torno a la amenaza de barbarie)

Sin desconocer los límites de la finalidad impuesta para estas líneas – y en el marco, necesariamente escueto, de su desarrollo- intentamos dejar planteadas, al menos, algunas premisas bás icas de nuestra postulación teórica.

Lo hicimos con cierta imperiosidad, en razón de la imposición histórica de un acaecimiento representativo hoy notoriamente distorsionado por anormalidades evidentes. Así, nos sentimos obligados a expresar que:

1- Más acá de la justicia y más allá del derecho positivo; la instauración de la juridicidad inaugura un marco de pensamiento posible.

Aún en su carácter de elección –e, incluso, desde la ineludible medida de arbitrariedad que su imposición conlleva- la inscripción de cierto orden simbólico supone una necesidad insoslayable de la coexistencia social y, entonces, no puede situarse en crisis ante cada instancia de juzgamiento.

Debe, por el contrario, gozar de cierta predisposición a la creencia que aliente el cumplim iento de las normas por medio de las que se expresa.

2.-) Lo justo no es una condición de la ley. Tampoco, la ley es un manual de uso para jueces: entre ambas exageraciones concientes, los justiciables transitan la huella de su pensamiento posible.

El derecho en el que concebimos nuestra idea particular de lo justo es, precisamente, lo que somos; un límite para aquello que consideramos pensable, la huella de una cosmovisión en la que fundamos nuestro tránsito.

Fuera de él, toda *revolución* dura un instante: en cuanto no es una construcción (y, al igual que la justicia, escapa a su aprehensión fáctica) la *revolución* no es algo que pueda *hacerse*; se genera y se agota en el acto irrepresentable de asesinar al rey.

3.-) Así, aún cuando se acuerde con el planteo de Georges Bataille[9], - quien sostuvo la necesidad, tanto del sistema, como del exceso- ello no habilita a la excepción a perder su condición de tal: aceptando incluso la, hipotética,

8 "(…) *La desconstrucción (y, podríamos agregar, del proceso judicial) tiene lugar en el intervalo que separa la indesconstructibilidad de la justicia y la desconstructibilidad del derecho. La desconstrucción* (solo) *es posible como una experiencia de lo imposible…"* DERRIDA, Jacques, *Fuerza de ley*, pág. 36.

9 BATAILLE, Georges, adopta esta postura en *Acephale,* en su lectura de la obra nietzscheana.

necesidad histórica de un regicidio (o de un magnicidio, tratándose, como aquí se trata, del imperio de la ley) ninguna pretensión sistémica puede fundarse en la reiteración periódica de su manifestación.

Al fin, según decía Camus en *El hombre rebelde,* cuando el asesino y la víctima hayan desaparecido, la comunidad se reconstruirá sin ellos -y agregamos aquí: recurriendo a una narración apenas verosímil, aunque general, que la justifica-: *la excepción habrá vivido y la regla volverá a ser posible.*[10]

10 CAMUS, Albert; *El hombre rebelde,* página 330. En un planteo cuya lectura se recomienda expresamente, el autor continúa esta cita con la conclusión de que *"al nivel de la historia, como en la vida individual, el asesinato es, por lo tanto, una excepc ión desesperada, o no es nada."*

III.- El Derecho en la sociedad desestructurada

" Y dijo Jehová: He aquí el pueblo es uno y todos estostienen un lenguaje; y han comenzado a obrar, y nada les retraerá ahora de lo que han pensado hacer. Ahora pues, descendamos, y confundamos allí sus lenguas, para que ninguno entienda el habla de su compañero. Así los esparció Jehová desde allí sobre la faz de la tierra, y dejaron de edificar la ciudad...."[1]

1 Génesis 11:6, Génesis 11:7, Génesis 11:8

LA PERSPECTIVA DESDE EL SILENCIO: NUEVAS REGLAS GLOBALES

Triste jubileo. Esparcidos, desde hace siglos y -al decir de algunos -, de manera exagerada, indiscriminada y estadísticamente abusiva sobre la faz de la Tierra, asistimos impávidos a la doble caída de las torres, insolentemente edificadas sobre el lenguaje común de la economía. Desde el impresionante y mudo vacío consecuente, podríamos sostener que el castigo divino de la confusión de lenguas, o al menos su discutible equidad, debería haber cesado, así, -a partir del derrumbe - su insalvable, confuso y arbitrario efecto entre los hombres y, tal vez, también entre sus hijos. Demasiadas lenguas pariendo demasiados pensamientos.

Sin embargo, desde aquella visión terrenal, aérea, infernal, tecnológica, simple, pictórica, plasmática, cercana; el no discurso es una lengua única que se eleva aún más alto que la torre babélica, con una elemental organización jerárquica, autoritaria, esparcida, larga, horizontal, dispuesta en redes hacia un único y controlador punto de no fuga. Una dictadura del vacío sin pretensión alguna de apariencias democráticas, sin límites, sin ningún lugar adonde llegar, surgida de las mismas cenizas de las twin towers norteamericanas.

Ante la irrelevancia de cualquier nombre alcanzable y, fundamentalmente, por la imposibilidad fáctica y consecuente ausencia de toda cúspide, no parece casual que los multipatrióticos ejércitos portadores de este preclaro discurso de sola imagen - hueco, pero a la vez monolítico, sin contradicción alguna en su absoluta falta de coherencia argumental- desarrollen su metodología de 'ataque preventivo' –incoherencia tautológica de ofensiva obviedad- sobre los restos de la, antes docta, antes políglota, ciudad de Babilonia. Todo recuerdo será borrado, los infieles ya no presumirán, el ególatra sonido de cualquier jerga multiplicada, aún en su escritura, perecerá bajo los escombros.

Si una nación se sustenta, por definición, en el respeto compartido hacia un panteón de glorias comunes; nuevos héroes y próceres habrán de generarse para la nueva devoción del mundo global. Al fin, toda representación es un mero y arbitrario recorte perceptivo, los sentidos se multiplican en la inmaterialidad sin extremos y las posibilidades parecen infinitas. Solo parecen. La opción es única y, por lo tanto, no existe; el devenir no puede conducir más que a sí mismo. Exhibiéndose en todo su patetismo, con cuanta fortaleza le resultare posible, el poder ha prescindido del saber, parecería ser que definitivamente. Al menos, ya no lo reproduce, apenas lo desprecia. Los rígidos cimientos de la autoridad no asumen así, siquiera, el riesgo hipotético de socavarse por la provisoriedad intrínseca o insalvable de todo conocimiento. Allí donde caiga una imagen, otras se erguirán, contemporáneas y reemplazables, a su vez, en una dinámica trágicamente continua. Solo se pertenece al zapping y, en la uniformidad sin escalas de esta sincrética definición cultural, el absolutismo de la nada nos ubica en las mismas puertas del autismo, en donde el límite del precipicio se nos presenta con la difusa e insoportable levedad de toda noción ilusoria.

Si desde una perspectiva borgeana, cualquier criterio resultaría válido para extraer de un mismo hecho conclusiones antagónicas, a partir del mojón, del faro histórico, de la explosión de sentido constituida por el septiembre (norte) americano, todo esfuerzo crítico se dispensa, porque la conclusión -cuando importa y existe- siempre es única y vertical, prefabricada, prediseñada, deshidratada y contenida en el primer impulso, fácil de usar, ofrecida en un excesivo y brillante esfuerzo de síntesis y economía de tiempo.

El receptor ya no se atribuye el derecho de resignificar el mensaje recibido, reformulando su sentido original en la guerrilla semiológica de Eco y sus ecos no exactamente idénticos, porque a esta indetenible y monstruosa sucesión de imágenes -sin espacio alguno para la imaginación- el receptor no le incumbe ni lo altera. Nietszche dixit: el desierto crece, mientras tanto.

La primera pregunta debería ser: ¿Cuál es el juego paradojal y esquizofrénico del Derecho en esta nueva sociedad *huxleyana*[1] *post 11-S?*

El Derecho es discurso y hoy el discurso impuesto es un mazazo hueco, solo ruido, que apenas interesa al emisor, en las mejores circunstancias. El emisor se ubica, así, a ambos extremos de un precario mensaje que no existe como tal, por definición y carencia. En el juego de espejos repetidos hasta el hartazgo infinito, ya no importa 'qué' digo sino 'cómo' lo expreso. Los paneles espejados que hoy cumplen - patéticamente y como pueden- la función de sujetos parlantes, acostumbran a establecer cuando lo creen necesario, convenios implícitos de escucha aparente –individuales o colectivos- a través de los cuales simulan su interés en guardar las mínimas formas de civilización.

'Vos hacés (como que) me /nos escuchás, que yo/ nosotros hacemos (como que) te escuchamos'.

Ahora bien, si el 'mensaje' así constituido solo interesa a quien lo emite, el convenio no sirve y se transmuta:

'Vos hacés (como que) me /nos aplaudís que yo/ nosotros hacemos (como que) te aplaudimos'.

De todos modos, el tren del pensamiento y la comunicación efectiva, hace tiempo que están irremediablemente perdidos pero, al menos, el ruido se potencia con el alza en la autoestima de quien lo produce. La onda expansiva del sonido se amplifica sin artificios, en directa proporción a la magnitud de la egolatría.

Algo queda, siempre, sin embargo. No hay escucha activa, los aplausos del final presentan tanta oquedad como las inexistentes ideas del principio, pero entre tanto ruido suelto, la energía no se pierde del todo: se mezcla, se transforma, se vigoriza, sobrevive, muere y resucita, marca una inexplicable e inexplicada huella sonora sobre la que, tal vez, podría ser viable construir. Otra torre, otra confusión, un punto en el espacio, un esbozo de significante, en particular, que merezca derribarse con el correr de los siglos.

La construcción del conocimiento surge, en estos tiempos globales del jubileo de la comunicación, como un fenómeno necesariamente colectivo y se edifica por acumulación sobre saberes y saberes preexistentes, contemporáneos y futuros, en una habitual confusión de los tiempos verbales.

---

1 La referencia a Aldous Huxley parece inevitable si la realidad de estos tiempos intenta pensarse en los términos de 'un mundo feliz' que pretende imponer el discurso hegemónico. 'Felicidad', claro está, que debería entenderse como una mera cuestión de interpretación teórica, condicionada, por tanto, a la particularidad de los elementos comprometidos en su abordaje o, sencillamente, a los parámetros utilizados en la formulación conceptual de su noción convencional.

Descartada toda genialidad por imposibilidad intrínseca de su génesis en tales circunstancias, debería descreerse, además – en homenaje al rigor de un mínimo purismo teórico exigible- , de la factibilidad de ideas surgidas de la nada, por mágica inspiración.

En un sentido que ni siquiera a la formidable intuición de Nietzsche parece lícito pretender atribuir, quizás el superhombre no sea sino el hombre conectado.

Silencioso, anónimo, poderoso, impune hombre en red, uno y todos a la vez, ajeno por completo a los límites morales del ciudadano real en el que habita. Giro kafkiano: la fragilidad del individuo sucumbiendo paradójicamente a un imprevisto y demoledor avance de su propia especie.[2]

En la llamada sociedad de la información, se produce información en masa de idéntica manera a la que, antes, se masificó la producción de bienes.

El mundo comercia hoy, fundamentalmente, servicios que alteran su esencia en cada cambio cosmético que el mercado les impone. Serpiente enredada sobre sí con estética de espiral en cada giro planetario en donde el acto de intercambio puede llegar a ser un fin, más que un medio, sin importar en absoluto la presunta utilidad de aquello que se decida consumir.

Al fin, todo vuelve y es necesario volver a adquirir mañana lo que olvidamos entre los datos de hoy.

Aquí es donde el mundo virtual se ajusta a la cosmovisión de seres como nosotros, acostumbrados cada vez más a pensarse con alarmante tendencia unidimensional, reduciéndose escasamente a su imagen.

Mito del eterno retorno, tal vez, simple ironía del destino; irremediablemente lejos del espíritu festivo y combatiente de los años sesenta, sin partir de una premisa o proposición adecuada en tal sentido, sin método lógico a la vista, hemos logrado construir un mundo que es de todos. O de casi todos.

La nueva riqueza de las naciones está constituida por el know how, pero el recurso estratégico de la información es volátil y efímero por definición.

Construcción, cambio, superposición de saberes siempre parciales que forjan el poder de un hombre mucho menos vulnerable, cuanto más anónimo.

Provisionalidad esencial como mayor atributo, inmediata prescindibilidad de sistemas, países, sociedades.

Quién sabe, quizás un escenario propicio a un próximo fin del Sujeto de Derecho como protagonista excluyente de la historia. Apunte para Fukuyama: ninguna muerte es capaz de durar toda la vida, Heráclito parece haber ganado la batalla y todo absolutismo podría constituir solo un elemental error de concepto.[3]

En el marco de esta presentación habremos de postular la sacralización del error discursivo y el consecuente incumplimiento constante, sistemático y generalizado de la ley formal como el elemento sustancial, colectivamente

---

2 Aquí cabría, tal vez, otra pregunta: ¿es, realmente, la 'bestia' colectiva configurada a través de la red de la misma 'especie' que aquellos hombres que contribuyen a su conformación y cuyas individualidades aniquila temporariamente?

3 Disparate noble, la teoría de Francis Fukuyama acerca del "fin de la historia" bien podría

escogido, para la atribución de acreencias jurídicas en el nuevo orden material globalizado, en el que se revelaría como una fuente inmediata, indiscutida e indiscutible de Derecho positivo.

Paralelamente, plantearemos la necesidad de pensar el desplazamiento, inevitable y consecuente, del sujeto de derecho hacia los márgenes de una Historia que desconoce su concepto original y a la que, tal vez, apenas accedan las brumosas ruinas de sus reformulaciones posteriores y sus vanos intentos de adecuación sucesiva.

Afirmamos que, quizás, el sujeto de derecho haya muerto como tal; que -ante la energética explosión constituida por la relatividad conceptual de todo paradigma y las demenciales esquirlas que, hoy, bajo esta ignífera lluvia cósmica de luz, vienen a golpearnos con la evidente invalidez intrínseca de todo parámetro-, el sujeto de derecho solo puede ofrecernos la brillantez de su galáctica mortandad y la permanencia meramente inercial de su imagen, otrora poderosa, llegada desde un tiempo en el que su propia dimensión corpórea, material, no dialéctica, todavía era posible. Un tiempo en el que su reinado filosófico, ancestral, jurídico, cognitivo, aún gozaba de cierta viabilidad y ostentaba el orgullo de alguna razón no ajena, por entonces, futura.

Partiremos, para el desarrollo de esta posición, de algunas premisas conceptuales necesarias, a saber:

a.-) Derecho es, debería ser, solo aquel precepto, planteo, mandato susceptible de realización histórica, presente o futura.

b.-) El principio de la realidad es, por tanto y en relación a esta particular aproximación al conocimiento, ajeno en sí al concepto de pérdida; no presenta aptitud suficiente para importar una renuncia, constituye, por definición, un punto de partida inevitable, un prisma, un necesario e insoslayable recorte interpretativo. Es, también, un parámetro a desconocer por la, hoy exacerbada, pulsión social de incumplimiento.

c.-) Pensar, al decir de Foucault, la "novedad" filosófica en estas circunstancias, no debería, necesariamente, resultar el entretenimiento improductivo de nostálgicos habitantes de un tiempo perimido, sino la ejecución de una tarea pendiente. Un paso hacia adelante en la celeridad del recorrido por este túnel del tiempo sin tiempo, representado por todo momento histórico de transición.

Ahora bien, partiendo desde tales enunciados:

¿Cómo identificaríamos, conceptualmente, al esquizofrénico sujeto social colectivo de nuestro tiempo?, más aún, *¿cómo podríamos explicar su lógica inalterable y persistente de comportamiento siempre contradictorio?*

Según la óptica de ciertos notables estudiosos de la conducta humana, el sujeto no se conforma a sí mismo, sino que sería una especie de "*sujeto sujetado*", esto es, constituido como tal por la acción, omisión o deseo de la sociedad a la que pertenece y en la que se involucra.

inscribirse en la mitológica lista de las 'groserías teóricas productivas'. Ello así en vistas, por un lado, a los resultados mediáticos/económicos que su masificación le significó al autor y, por otro, a su utilidad en la formulación de ciertos pseudoanálisis políticos que, hoy, suelen hablar de una era "postideológica".

Para otros, en cambio, el sujeto se forma a partir de la visión de los demás y, en todo caso, de la deformada respuesta de los espejos; no puede dirigirse directamente la mirada, carece de toda posibilidad de tomarse a sí como un objeto positivo y entero de estudio o análisis.

Parecería ser, entonces, que siguiendo y extremando estas ideas, la responsabilidad por las falencias propias resultaría imputable, siempre, al marco general, al contexto o, al menos, a las expectativas –por lo habitual, infundadas - de esos otros sujetos 'en construcción' que nos observan y a los que miramos.

Las consecuencias dañosas, reprochables, de cada una de nuestras acciones, omisiones o prejuicios surgirían, entonces, como atribuibles -en razón de un nexo caus al tan invisible como omnipresente-, al interés del Otro, es decir, a los otros.

Somos aquello que no podemos ver, lo que no miramos es lo que somos, no elegimos qué ser, y la culpa nunca es nuestra.

Ninguna mejoría es posible, el aprendizaje es, en todo caso, un proceso extraño a la propia identidad.

Respondemos al destino global o, en el mejor de los casos, a las, siempre injustificadas, intenciones ajenas.

Huelga decirlo: en ese marco, toda crítica es asumida como un complot tendencioso, una vana agresión inútil.

Si entendemos a nuestra, no adjetivada, conducta como el fruto simple de un oscuro designio, el mero cumplimiento de un mandato remoto, inexorable, fatal; parece claro que nada puede esperarse de nosotros. Es lo que hay, y no tenemos por qué hacernos cargo de esto que nos tocó.

Pues aquí estamos: si los demás no esperan nada, si ninguna pretensión lo roza, si el renglón del destino a cumplir permanece en blanco, el sujeto surge desvalorizado y cómodo. Definitiva y doblemente cómodo.

La comodidad bien podría abordarse como el signo funcional de este tiempo sin tiempo.

Un no valor globalizado, que el interés vacuo del no discurso dispersa, incesante, por sobre esa monótona sucesión de no lugares en los que ha decidido convertir a los antiguos países.

Desde los larguísimos siglos pretaylorianos de la pereza artesana y aprendiz, pasando por la aceleración fordista y su consecuente fatiga industrial, tal vez ninguna característica individual haya representado una era haciendo gala de tanta fortaleza y claridad de concepto.

La comodidad de un mundo hipercomunicado y aprehensible desde el propio sillón, medio y fin en principio, enésima potenciación de medios que conduce velozmente a más comodidad y carencia absoluta de fines, después.

Comodidad de no salir, de no hacer, de hacer sin esfuerzo, de ni siquiera fingir que no hacemos.

Comodidad irreprochable, elastizada, entendida desde el movimiento continuo de su irrefrenable lógica circular o, mejor, desde la quietud de la fotografía digital de ese movimiento.

Resignación de los espacios públicos, encierro, falta de comunicación interpersonal, ausencia de toda meta a largo o mediano plazo, inutilidad de cualquier lucha, timidez, anomia.

Lo cómodo deja de serlo y muta, sin previo aviso, se transforma en incómodo y vuelve a ser cómodo, después.

Es amoldable, adaptable a cualquier uso o circunstancia, y puede encontrarse sin búsqueda, por puro azar o descarte.

El mismo concepto encierra su negación y opuesto, se contradice y agota.

No supone relación alguna, ni objetivos, no necesita de un acontecimiento fáctico o de una conmoción axiológica para cambiar de estado, simplemente lo hace. Puede abandonarse y volver a placer, igual, distinto. Anula, por definición, cualquier hipótesis de deseo insatisfecho, es fundamentalmente posible y presente. Permanece, discurre, deviene.

Visto así, no parece un mal argumento para dispensar todo esfuerzo -incluso el de esta presentación- y justificar, además, con cierta claridad, la adopción institucional del incumplimiento como un particular y difundido origen de atribuciones y potestades jurídicas. Si es cómodo, vale.

Sin embargo, y aún en mérito exclusivo a nuestra propia seriedad y sonoridad ególatra –ya que, recordemos, no hay mensajes, no suponemos prima facie la existencia de receptores disponibles ni dispuestos - tal conclusión resultaría, cuanto menos, demasiado cómoda para ser eficiente.

EL SUJETO DE DERECHO

La expresión 'subiectum iuris', construcción conceptual no sustantiva en el Derecho Romano, puede observarse, ya con cierta relevancia, en las obras de algunos juristas y teólogos españoles del siglo XVI. Luis de Molina, Domingo de Soto, Pedro de Aragón y otros autores enrolados en aquello que dio en llamarse, con cierta ambigüedad interpretativa, *escuela o corriente neoescolástica* o *segunda escolástica* marcaron, con la fecundidad de su hallazgo, una anchísima huella sonora por la que elegiría transitar, muy posteriormente, toda la *pandectística* alemana del siglo XIX.

Habrían sido los juristas decimonónicos germanos quienes, trescientos años después de su enunciación ibérica, revisten a la noción estudiada de su actual sentido técnico.

Desde allí, el sujeto de derecho consiguió plasmarse en la génesis de toda la legislación posterior, pasando paulatinamente a constituirse en el eje, el punto de referencia, la unidad de medida de todos los derechos, la admirable torre - aparentemente inabordable- erguida para determinar, con la proyección de su larga sombra, los límites de la civilización y el alcance de todo el sistema jurídico occidental.

Su sola enunciación define un modo. La concepción del sujeto de derecho trasluce una indescriptible fe, revela la autoimposición del optimismo como forma probable de acumulación y progreso, significa una aprehensión individual de la realidad material entendida, desde el límite mismo del sujeto, como una escenografía orbital o circundante. Por otro lado, la noción representa –qué duda podría caber al respecto- una brillante creación intelectual, históricamente impuesta y compartida, el admirable resultado de una evolución de siglos en todo el pensamiento jurídico; la maravilla de una ficción estructurante, aparentemente necesaria, que, de extraña manera, no conduce a Roma como suelen conducir todos y cada uno de los caminos de la ficciones jurídicas. Un insoslayable logro, una mera convención.

Aún con sus innegables atributos, la construcción teórica del subiectum iuris representa una mera convención ficcional, acaso fortalecida por la elemental tendencia humana a considerar, del orden natural, el provisorio acuerdo tempo-espacial subyacente a su tiempo y lugar históricos.

Sería en función de la fuerza inconmensurable de esta idea de generalización indiscriminada que cualquier sistema de relaciones - por precario que fuere- goza, en principio, del beneficio de la duda, permanece en una suerte de prórroga a su tiempo real imponiendo por la inercia de sí, por su proyección, por su reflejo, por la sombra que proyecta y que le pertenece, una extraña estratificación conceptual de su quietud eterna.

Si está es porque siempre estuvo, si siempre estuvo, por algo estará. Si asumimos que, antes de concebir una alternativa mínima a cualquier orden, es necesario poner en crisis su vigencia como construcción gnoseológica – mucho más allá de aceptar, ocasionalmente, sus problemas de funcionamiento- parecería claro que la adopción de esta actitud con respecto, en particular, al ordenamiento jurídico vigente, afecta llanamente la seguridad –o la necesidad de seguridad- sobre la propia cosmovisión individual.

La estructura de pensamiento ha sido generada, justamente, dentro del sistema que se pretende someter a discusión, lo ha asumido como idea fundante y dogmática, como marco lógico y suficiente de desarrollo cognitivo y, en aras de la preeminencia de su génesis, conspira contra cualquier tentativa de modificación.

Empero, ni la seguridad ni la preeminencia de una determinada lógica individual deberían garantizar, racionalmente, la perpetuidad conjunta del recorte perceptivo al que se refieren.

Hoy el modo es otro.

La fe en la evolución ha cesado, globalmente.

La acumulación ha marcado sus límites y el progreso ya no genera la iconolatría hacia sus ocasionales elegidos, que antes impulsaba la emulación y la perspectiva de 'crecimiento posible' siempre dentro de sus márgenes.

La sociedad del siglo XXI se presenta como desestructurada, parte de una lógica de segregación y exclusión con progresión exponencial que solo parece apta para producir resentimiento y, en el mejor de los casos, escepticismo.

Es comprensible que, ante la vista de tal paisaje de desolación, el optimismo no resulte ser el humor social predominante, que haya sido sustituido, según parece, por la pasividad y la desidia, cuando no por un abatimiento crónico que, aumentando su aptitud dañante, podría previsiblemente escapar de sus esperadas, lógicas, anheladas, estigmatizadas, supuestas o 'naturales' actitudes de resignación.

En tales circunstancias, toda aprehensión individual de la realidad –que ya no es circundante ni orbital, que incluye al propio sujeto que la cuestiona- podría conducir, casi por decantación, hacia el fin de la nada.

Un suicidio no ritual, carente de gestos heroicos, sin moraleja alguna, sin estigmatización siquiera de sacrificios u ofrendas, sin la menor expectativa.

El fantástico sistema de ideas que el siglo XIX nos legó, no nos resulta suficiente en esta nueva y compleja confrontación que se nos plantea. Las bombas a distancia, el silencio del láser y el estruendo de los misiles parecerían haber diezmado, sin retorno, el orgullo romántico de nuestra gallarda infantería.

"Son personas todos los entes susceptibles de adquirir derechos, o contraer obligaciones"[4]

Si todo ente es, por definición, nada más que un nombre, el trazo de un confus o sonido, la gráfica representación de un surco aéreo, invisible:

¿Cómo devolverle al individuo aquella corporeidad primordial que lo constituye?

Si la gran mayoría de la población mundial carece de todo medio de adquisición y las obligaciones contraídas, de ordinario, resultan apreciablemente incumplibles desde el momento mismo de su asunción, ¿cómo convencer al ser humano de su capacidad para adquirir derechos y contraer obligaciones?

A pesar de S. Freud, parecería ser que nuestro yo ya no contiene todo, ni segrega, de sí, al mundo exterior.

Por el contrario, en el enigma abúlico de este tiempo sin tiempo que nos toca, podría ser el todo quien segrega a las partes, en una dinámica de exclusión continua e irreversible. Mientras, anochece.

En la exagerada magnitud de la marginación, la historia golpea como un boomerang nietszcheano.

Regresan las partes execradas agrediendo al todo, lo violentan, lo superan en número y, por tanto, lo denigran hasta transformarlo en una parte más.

Queda, apenas, para la atribulada porción con pretensiones totalizantes, la escasa ventaja siempre arbitraria, declamativa y meramente conceptual de su institucionalización.

La parte residual institucionalizada es, apenas, el enemigo común en la sociedad desestructurada.

Cumple así, como puede, con el papel de último factor aglutinante, se asume en la fragilidad de su elitismo como el endeble bastión de resistencia de un paupérrimo espacio y tiempo social en el que no se convive, apenas se coexiste.

Sucumbe, sin mejor opción, ante estas nuevas invasiones bárbaras. El sentimiento yoico podría constituirse, hoy, a partir de la desvalorización personal; ello así, en tanto, la mirada de los otros solo expresa desconfianza.

En tal marco, todo heroísmo se asume como banal, toda rebeldía es insignificante, cualquier acto volitivo aparece como intrascendente.

En la realidad de la coexistencia, los fines no pueden ser más que inmediatos, los medios no revisten pretensiones de conducir a nada y las metas de realización

4 Código Civil Argentino, artículo 30.

personal han mutado en una suerte de abúlica permanencia inintencionada, a la que se arriba por descarte. Las explicaciones ya no se buscan.

Si, para Goethe, nada sería más difícil de soportar que una sucesión de días dichosos, la actual ausencia de toda valoración anularía tal peligro.

La realidad es entrevista, deducida sin adivinación en esta nueva caverna platónica de la intrascendencia. Se soporta, por tanto, sin esfuerzos.

Simple, caótica y azarosa sucesión de inconclusos estados mentales de forzada construcción a través de la transmisión cultural de puntos de vista deformados por el paso del tiempo.

Sucesión de erróneas percepciones que no garantizan al individuo ninguna pertenencia.

El individuo de este siglo no pertenece a nada; ni siquiera a sí. Llega al libre albedrío por la vía del absurdo.

En esta, relativamente, nueva e implícita convención de la no pertenencia, del no compromiso, en la planteada conformación social a partir de la desestructuración, en la brumosa coexistencia de pactos difusos de mínima interrelación que suelen transgredirse sin orden, donde hasta el rescatado concepto de 'tribu' –aún hoy profusamente manejado por ciertos educadores y adolescentólogos como todo un hallazgo expresivo de la sociología urbana- carece de aplicación; el individuo adquiere una preponderancia que no busca.

Paralelamente, las instituciones se degradan, se minimizan, se disuelven por implosión conceptual.

Exilio exótico de hibernación expectante, extraño comportamiento de autodefensa no estratégica de las abstracciones jurídicas que, como muñecas rusas, se encriptan las unas dentro de las otras, se fagocitan y protegen en un juego macabro de dimensiones limitadas y posibilidades infinitas.

El aislamiento individual fortalece el sentimiento oceánico empeñado en la búsqueda de alegres substitutos de la fe, en la edificación de santuarios provisorios e intercambiables que se transforman en depositarios de las creencias, más o menos, colectivas.

Proliferan los cultos y las conversiones, los estímulos, los rituales con música.

Los profetas postcapitalistas deambulan, exponiendo sus respectivas crisis, por los pasillos mediáticos. Hay pocas cosas en las que creer y, sin embargo, se cree en muchas.

El ser humano de este tiempo no es malo, tampoco es bueno; simplemente es. Su libre albedrío tiene los límites de la imposibilidad. Las generalizaciones fracasan ante un individuo que se asume como absolutamente intrascendente fuera de sus límites corporales, pero que continúa siendo irreemplazable para sí, aun cuando no se pertenezca.

¿Triunfará, al fin, la razón? De ser así, y cumplirse con ello las predicciones de todos los profetas, ¿cuántos cadáveres se llevará la lucha?

Descartando a Descartes, el sartreano ser en sí es afirmado como pleno, denso, macizo e idéntico a sí mismo, mas su libertad solo logró conducirlo hacia la angustia existencial. Fuera de todo humanismo, hoy el hombre no aspira a ser Dios, prescinde de la trascendencia y la semejanza, evita el fracaso.

La carrera hacia la muerte ha culminado, aunque es incierto el punto de llegada. ¿Habremos completado ya el recorrido previsto?

¿Seremos, tal vez, estrellas muertas, preocupándonos solo por la imagen?

De ser ello cierto, aceptando, incluso, que la pulsión de muerte haya desaparecido con la idea de convivencia, ¿cómo constituir un Derecho equitativo para una sociedad de seres virtuales, dispersos en no países? ¿A qué galáctico cuerpo habrá pertenecido nuestro opacado brillo de hoy?

LA PERSPECTIVA DESDE EL PASSWORD (LA PALABRA)

Al principio fue el verbo, y ese verbo eligió manifestarse, siempre, en la primera persona del singular, pese a su hipotética conformación colectiva.

Sin viabilidad de otras conjugaciones, la primera persona permitió la multiplicación de los hombres y de las lenguas; empero, acabando con el resto de las opciones, su paroxismo engendraría la violencia y transformaría en ruido a toda pretensión de mensajes.

"*Salid y multiplicaos*"[5]; los hijos de dios interpretaron el precepto, los hijos de los hijos de dios exacerbaron el mandato. Si en el nombre de la rosa está la rosa[6], si el hombre es nada más que un ente, la particularidad de un sonido, toda convivencia pacífica -*de hombres y de lenguas, tal vez, de pensamientos*- implica un riesgo de colectivización del lenguaje, una afrenta inconsciente experimentada al espíritu unívoco de escenificación del mundo, una identificación ajena a las virtudes otorgadas por el hálito, el peligro cierto y constante de una nueva Babel a destruir.

En el substracto común de las creencias monoteístas, el ser s upremo, la idea de todo lo que es, "se aparece" y dice: "Yo soy". Quizás pueda rastrearse en esta necesidad de autoafirmación reiterada, el inicio del camino de violencia permanente y gratuita con que se paga la ignorancia, el vía crucis.

"Yo soy" implica una diferenciación, que se manifiesta a lo largo de la historia sagrada, habitualmente expresada a través de la pretensión de generar temor.

Si la primera persona es la acción por antonomasia, el inicio de lo fáctico, la ensoberbecida intención de movimiento, su conjugación exclusiva desde la autoafirmación, desde la diferenciación y desde la pretensión de generar temor conduciría, necesariamente, al absolutismo.

"Yo soy el que soy"; fuera de mí, el vacío incomprensible, la mudez, ni siquiera la nada -en cuanto la nada, si puede expresarse y aprehenderse, ya es algo y entonces se incluye en mí-.

---

5 Génesis 9:1 "Y bendijo Dios a Noé y a sus hijos y díjoles: Frutificad y multiplicad, y henchid la tierra"

6 Inicia Borges su poema "El Golem" -incluído en el libro "El otro, El mismo" que publicara en el año 1964- con la siguiente estrofa: "Si (como el griego afirma en el Cratilo)/ el nombre es el arquetipo de la cosa,/ en las letras de rosa está la rosa/ y todo el Nilo en la palabra Nilo..."

El monoteísmo es absolutista *-y, desde ya, intolerante-*, por propia definición. Su adopción implica la total concentración del saber: "yo soy" la sabiduría y, por ende, la sabiduría no se comparte.

Si aceptamos que la cosmovisión occidental judeocristiana, por ejemplo, entiende al mundo como el campo de batalla de una continua y sangrienta lucha de opuestos *-blanco o negro; el otro, los demás o yo-* el castigo, en el fragor de la guerra omnipresente, no puede ser otro que la muerte.

Lenta, gradual, a plazos en la agónica conciencia de la finitud o, súbita, violenta, inmediata, en la imprevisión del abismo temporal; cualquiera sea la forma, independientemente de la imagen en la que el individuo de su objeto la transporte, la muerte es el único castigo posible en nuestra idea del mundo y resume en sí, a la vez, a todas las penas. Idéntica solo a sí misma, ajena a toda probabilidad de cuantificación, la muerte es parte de "lo que es", constituye un atributo propio de la existencia, a la que define por negación, y se impone irreductible.

Extremando el análisis podría afirmarse que la muerte es dios, la sola idea de dios es el castigo.

Los libros sagrados abundan en extinciones. Noé es Adam y, a la vez, es Lot en Sodoma[7].

La figura del testigo del horror se presenta como un clásico de las dictaduras, garantiza la perpetuación del miedo. La negación es parte de la misma idea negada.

De tal forma que el camino de la ef y el camino de la negación fundamentalista de la fe conducirían a un mismo sitio. Se asemejan, se complementan, no se excluyen, resultan funcionales a un único esquema de preponderancia de lo individual por sobre lo colectivo, de la oposición por sobre la integración, de la exaltación de la contienda por la contienda misma, inacabable.

En tal sentido, la predeterminación o el libre albedrío, la diferenciación o la conciencia de sí y de las propias imposibilidades como una carga impuesta y fatalista, solo resultan, al fin, en diferentes formas de la angustia; flagelo bíblico o tormento del agnosticismo racional.

El hombre material, el origen de la tercera persona, el ser humano físico, corpóreo ha vivido condicionado, obsesionado, aprisionado por su nombre desde tiempos inmemoriales.

Recibe, al momento de nacer, no más que una identificación, cierta arbitraria combinación de sonidos que le es otorgada, como una dádiva necesaria por los demás; trata, durante todo el breve período histórico que le toca compartir, de construir un nombre con ello. Nombre que, en el mejor de los casos, le sobrevivirá apenas otro breve período, antes de ser olvidado. Nombre que, solo

7 Si la génesis de Adam fue extinguida, por corrupta, con la sola excepción de Noé; ergo, Noé es -de nuevo- el primer hombre. También es Lot, en cuanto -al igual que éste, en el retorno de un ciclo posterior- fue advertido, a tiempo, del próximo castigo generalizado e incitado a abandonar a sus congéneres. Toda solidaridad es anulada por la obediencia, impuesta por la necesaria continuidad del relato estructurante y unívoco.

a veces y en función de un azar impredecible, conseguirá perdurar, siempre a costa de perder toda vinculación con la persona individual de su constructor. El fracaso es obvio, en esta lógica de la contemporaneidad fugaz y del olvido continuo donde toda trascendencia parecería ser una pretensión inútil, ¿qué es, qué puede ser un nombre? He aquí un punto de partida apropiado para el abordaje y la comprensión de estos nuevos tiempos bíblicos de génesis virtual.

El hombre vacío del siglo XXI sabe que es alguien en sí, y sabe, además, que ser alguien no es gran cosa.

No necesita ningún password para acceder al ser, desmitifica con su comportamiento anómico la grandeza artificial de las palabras mágicas.

Comparte un espacio, respira el mismo aire que otros, navega junto a los que naveguen con él, sin importarle quiénes o cuántos sean. No es protagonista; su tiempo – *EL tiempo, que le es dado*- siempre será de alquiler.

Su idea de dios es virtual, su concepción de la propia muerte ya no lo aterra. Su ignorancia, ni siquiera, lo hace feliz.

En tal contexto, el loable esfuerzo de la graduación de la pena, que sustenta toda la evolución del Derecho, bien pudo haber sido un esfuerzo vano, bien pudo haber llegado a un punto de no retorno.

Si, aún hoy, el único castigo es la muerte, derivada de la sola idea de dios *–no puede aceptarse otro dios ni otro castigo desde el contexto del sentimiento oceánico judeocristiano-* lo que parece haber mutado es la interpretación o la valoración de ésa pena.

No es lo mismo matar a quien se pretende trascendente, un semidios, un aspirante a primera persona que destruir a este hombre sin pretensiones, casi un accidente temporal.

Partiendo de la premisa conceptual de que ninguna equidad es posible desde la imposición, aceptando como válido que cualquier excedente en el rigor de la punición implica la injusticia de un daño incausado[8], una "muerte de más" y que toda insuficiencia del castigo provoca el desaliento y la negación; el sistema jurídico de la globalización se presenta como un complejo, alquímico y arbitrario juego de salón cuyas reglas transmutan, bosquejan un equilibrio precario y, a menudo, resultan desconocidas para sus más expertos jugadores.

La graduación de los castigos abre nuevas heridas en un colectivo social en el que, parecería ser que, todos quieren la muerte de todos aunque, de ordinario, eviten manifestarlo, por razones atribuibles, más a la propia y momentánea conveniencia individual que a una discutible civilidad en decadencia.

---

8 La sobrepunición implicaría, algo así, como una "violencia excedida en su utilidad convencional" aplicada desde el Estado y escindiría al exceso arbitrario, de su primigenia justificación legal. En idéntica conceptualización, pero en opuesta vereda, puede encuadrarse la actuación de ciertos grupos marginales
-no contestatarios- sin objetivos políticos ni fundamentación teórica que, ubicándose al margen de la ley, adoptan actitudes violentas sin proponer, siquiera, la destrucción del sistema y -por supuesto- al margen de toda proclama de anarquía sistémica. El imperio del medio es su negación, si no hay fines es, en realidad, que no hay medios para alcanzarlos y, por consiguiente, todo es, en sí, un fin.

En ciertas circunstancias, el deseo de la muerte de los otros renace, surge, más allá de la indiferencia. El hombre es, también, su pulsión de agresividad, la pugna ancestral por el espacio y los recursos.

La primera noción jurídica válida deviene de la resignación del individuo ante la superior fortaleza del conjunto - *que lo incluye, que cuenta tanto a los demás como a él mismo-*. Sabemos que es ésta una resignación, en primera instancia, teórica; que no admite probanzas empíricas en la supervivencia.

El conjunto, el colectivo, el grupo, el clan, la tribu, la sociedad, la nación, mucho tiempo después el Estado, resultan ser abstracciones siempre superiores, por consenso, a los propios individuos aislados que incluyen y, a la vez, descartan, afirman, niegan. Meras nociones conceptuales que sirven *-deberían servir-* para contener la ira y morigerar los impulsos de los hombres materiales.

Decimos que la ficción ordenadora es, solo, teórica, cognitiva. Ello así, en tanto su intento de comprobación fáctica implicaría la secesión, la rebelión, la agresión de alguno de los individuos contra el conjunto - *esto es, contra los demás pero, también, contra él mismo-*.

Si el individuo triunfa, la abstracción desaparece, la ficción nunca ha existido, cada quien carga con su cuota de dolor; todos pierden, incluso el triunfador.

Si el individuo fracasa en su subversión, es castigado y ratifica fácticamente el concepto solo respecto a él mismo.

En tanto, la noción continúa en su abstracción, imponiéndose por hipótesis y temor respecto al resto.

La sublevación conjunta de todos los individuos solo puede asumir la forma de una rescisión, el suicidio colectivo no es una decisión política, el concepto sigue firme.

Si, según podemos acordar desde cierto punto de vista, el Derecho suele identificarse como *"un querer inviolable, entrelazante y autárquico"* sería importante detenerse en el hecho de que, aunque todo "querer" constituye un principio teleológico de acción, el querer jurídico presenta la particularidad de su autarquía, atento entrañar obligatoriedad.

Ello así, pues no bastaría al sujeto una mera invitación a obrar de acuerdo a las convenciones sociales previamente aceptadas, sino que es necesaria la obligatoriedad que el mismo mandato conlleva.

Precisamente, del particular carácter coercitivo de la norma deriva su inviolabilidad para todos los sujetos sociales, y para el mismo ente creador del Derecho.

Ahora bien, si la norma es irrefragablemente obligatoria y si despliega una fuerza capaz de obtener la observancia generalizada, debe necesariamente aceptarse la facultad de un órgano que exija su cumplimiento.

Allí volvemos al carácter teórico de la resignación, cualquier comprobación empírica acarrea un castigo y el castigo, recordemos, es la muerte.

Cuando este precario equilibrio conceptual se rompe, cuando esta aceptación generalizada de la superioridad de las abstracciones se fragmenta, cuando el órgano depositario de la fuerza pública pierde su condición monopólica; el acuerdo social deja de tener vigencia, la confianza se pierde y los individuos se arrogan derechos propios de ejercicios simultáneos incompatibles.

Verbigracia, la sensación generalizada de inseguridad justifica ampliamente para los particulares - *según estamos viendo y hemos visto repetidamente en nuestros países latinoamericanos,, en este y otros momentos históricos*- la adopción de conductas represivas individuales, absolutamente contrarias a derecho.

La percepción del estado de indefensión acarreado por el fracaso del órgano de justicia en su misión de imponer la obligatoriedad de la norma, deriva en el desmoronamiento de todo el sistema jurídico - *basado precisamente en la confianza*- y ocasiona el fraccionamiento del cuerpo social en grupos de identificación arbitraria y provisional, cuyos miembros se interrelacionan agresivamente, entre ellos mismos y con "otros", por fuera de toda convención reglamentaria. Sin norma no hay Derecho.

Sin Derecho no hay Estado. Sin Estado no hay Sociedad. Sin sociedad no hay ni siquiera un pueblo, solo un mercado, en el mejor de los casos, estructurado a través de relaciones momentáneas y dispersas.

Retrocediendo la progresión hacia el principio de los tiempos, habida cuenta del ya señalado proceso de desinstitucionalización y prescindencia del saludable mínimo de hipocresía estructurante que supone toda convivencia, henos aquí. Bastardeado nuestro Derecho por el lobby y mutado el Estado en este shopping macrocefálico y autofagocitario, sitio al que se acude de ocasión, concepto frívolo, sofisticada propuesta de diseño, simple marca.

Toda caída tiene un límite, sin embargo. La desintegración del ser social es, referida al hombre, apenas una improbable tautología.

El individuo humano no aislado -y éste podría ser un primer elemento para acercarnos a la noción de "hombre"- parecería ser social, por constitución y definición, en tanto se constituye y define a través de su relación con los demás, las miradas ajenas, los precarios espejos en construcción que forman y condicionan su propia idea de sí.

Sin una mínima pauta de relaciones -o, lo que es lo mismo, sin su negación conciente, es decir, sin contar con "el otro" como referencia- el hombre, como tal, se prepara para recibir la muerte.

Entonces es dios, que lo ha alcanzado. Es, al fin, uno y todos a la vez, el espejo mayor sin imagen alguna a reflejar, la irremediable soledad de la existencia, la bestia, el castigo y su abominable esplendor.

Más aquí, en la cotidianeidad fáctica, el hombre es una idea fungible, cuya desintegración escapa a cualquier previsión teórica. Aún en la lógica de la coexistencia, el pueblo supone cierta coherencia de necesidades mutuas y compromisos compartidos.

Las mi ágenes ciegas se superponen y construyen al margen del objeto que repiten, más allá de la pena. La abstracción de la nada, su abolición convencional, el continuo reinicio del camino del Derecho.

Hacia la regionalización o la interpretación del Derecho común como software de base

Decimos que el Derecho es un complejo juego de abstracciones, un número más en la legión de espejos que vienen a conformar al hombre en su existencia.

Porción del sujeto o "ser social" en el que se materializa, difusa idea cons titutiva del individuo físico en el que habita y al que, indefinidamente, reconstruye, refleja, vuelve a construir.

Si el único castigo es la muerte, si la mera noción de dios -y no la duda sobre su existencia o su hipotética bondad- es lo que condena, si es la fungibilidad del individuo aquello que garantiza la supervivencia de la especie, un hombre no será sino todos los hombres, uno y el mismo, él mismo.

Los, siempre borrosos, apenas entrevistos límites de la unicidad no parecen susceptibles a la aprehensión teórica de la materia compartida por un colectivo azaroso y cambiante.

Mas, la materia también muta; el cuerpo social condiciona el pensamiento, el sistema de interrelaciones adoptado sustenta y define al cuerpo social.

El Derecho no puede considerarse fuera del hombre material en tanto no parece posible a éste abdicar de él, ineludible parámetro de desarrollo sobre el que el "sujeto sujetado" decide afirmarse o al que, eventualmente, intentará negar, destruir, crear.

La libertad absoluta conduciría a la anomia, al aburrimiento, en definitiva a la gradual desintegración del ser que, según hemos sostenido ya, jamás llegaría a concretarse en lo fáctico, atento resultar la incomprensión de lo absoluto -por qué no- también aplicable a la libertad y a la nada.

Empero si - aún desde una perspectiva cognitiva- todo está permitido, ningún esfuerzo es redituable, la comodidad se impone por descarte, el placer se diluye en la síntesis de lo contingente, cualquier intento resulta banal.

Más allá del orden, la prohibición es necesaria, creativa, supone el periódico renacimiento de lo relativo fundante ante un punto de crisis terminal, descarta por su sola intuición, toda posibilidad de despersonalización y vacío.

El Derecho no libera, pero contiene.

La concepción del "ser social", en tanto hombre, como tautología, el carácter de "sujetado" del sujeto de derecho, el atributo de idea fundante otorgado al propio marco semántico de comportamientos sociales permitidos, importarían necesariamente la elaboración de un pensamiento jurídico que se aleje de la primera persona del singular y, por consiguiente, abdique de la instrumentación discursiva del poder a través del temor.

La sustitución del narcisista, limitante y jerárquico "yo soy" por la ínsita transitoriedad del "nosotros estamos" supone un intento de regreso a la etapa de construcción de la torre babélica.

Sin confusión de lenguas aún, navegamos tal vez el camino de internet.

Otra vez Nietzsche y el diferente regreso de lo mismo, sabemos como sigue, aguardamos, quizás con impaciencia, el castigo inminente, poderoso.

Sostener que los derechos no se adquieren ni las obligaciones se contraen, postular que a los derechos se accede y que las obligaciones se asumen, requiere una nueva concepción de la personalidad jurídica, supone la ímproba tarea de reemplazar al individuo estigmatizado y estático por el dinámico y variable sujeto de conformación colectiva que transitoriamente integra -ya no decimos "al que pertenece", en cuanto no se pertenece a nada- sin afectar la esfera de libertad del hombre material, sin subsumirlo en una supraestructura burocrática, atendiendo a la transitoriedad y a la dispersión como valores de apreciación positiva.

No se presentaría posible la instauración de un nuevo acuerdo social - tal y como se pregona en estos tiempos - si no se intenta discutir, previamente, qué gran cosa es el hombre y, más lejos todavía, qué atributos reconocemos en la personalidad social, a qué abstracción difusa llamamos sociedad, cuál es, en definitiva, aquella convención a la que, libremente, elegimos elegir.

Si ciertas abstracciones son necesarias, constitutivas; si la realidad –o visión, o interpretación de la realidad- no es más que la abstracción de un recorte perceptivo particular; entonces, no parecería saludable soslayar el carácter endógeno de la idea, en cuanto marco. La abstracción construye al hombre material y, por tanto, es parte de su materialidad; es concreta, no puede ser incorpórea.

La propia visión del mundo ES el mundo de cada hombre y, luego, es cada hombre en sí mismo.

Somos aquellos que no podemos ver, lo que apenas imaginamos de nosotros es lo que nos constituye, el sentido de un orden jurídico propio, nos precede.

En tal contexto, la institucionalización parecería inescindible a la condición humana real, aún en esta etapa de coexistencia deconstructiva.

Hueca soledad intrascendental, atmósfera limbática, fin del precipicio, soporífera caída abismal a la que hemos sido arrojados por prescindencia y abandono del temor que, en la fuerza narrativa de su ficción ordenadora todopoderosa, al menos nos mantenía unidos.

Sabemos que la institucionalización supone el respeto consensuado a ciertas abstracciones básicas, el sometimiento pacífico a la teórica fortaleza superior del conjunto, esto es , a la preeminencia de determinadas y aleatorias nociones conceptuales, jamás empíricas.

Así, en cuanto toda institucionalización encierra un mínimo saludable de hipocresía, el individuo debería considerarse mínimamente hipócrita por naturaleza.

Etimológicamente, el hipócrita es un comediante. Desde su hipocresía constitutiva, el hombre material se relaciona y construye su sociedad institucionalizándose a partir del respeto a sus arbitrarias convenciones comunes.

Sin predisposición hipócrita el hombre no es, conceptualmente, tal; el telón ha caído, no hay aplausos sino castigo.

En esta nueva generación sin trama, sin ardid, la pregunta impuesta como cuestión urgente resulta ser otra:

¿Qué es, qué puede entenderse como un "derecho humano"? ¿Cómo interpretar, acotar, definir los derechos naturales de este individuo, voluntaria y espasmódicamente integrado a un colectivo difuso?

Si sostenemos, según lo hemos expuesto, la sacralización del error discursivo y la postulación del incumplimiento constante, sistem ático y generalizado de la ley formal como el elemento sustancial, colectivamente escogido, para la atribución de acreencias jurídicas en este nuevo orden material -en el que se revelaría como una fuente inmediata, indiscutida e indiscutible de Derecho positivo-, parecería lógico deducir que la pulsión de transgresión como mandato jurídico devendría en la inaplicabilidad de un sistema asumido como intrincado, autodefensivo, hibernante y poéticamente recluido en el interior de prolijas mamushkas, torres de cristal o castillos aéreos.

Toda realidad es virtual, el principio de preeminencia de lo cercano se desvanece, lo no permitido deambula hacia el deber ser consuetudinario, muta en paradigma, propende a su incumplimiento, transporta el germen de su violación .

Al hombre material nada lo afecta, pero en su residual de afectación - la idea endógena, la abstracción, la noción jurídica constituyente, la negación, el mero incumplimiento- se interesa más por la imagen plasmática de la pantalla que por el incómodo hueco vivo de la ventana, elige participar de vidas ineludiblemente ajenas a su colectivo natural, su lógica de no compromiso lo lleva a preferir existencias de las que –cree- podría prescindir utilizando un dejo de su propia voluntad.

Dicho de otro modo: lo relativo fundante presenta los atributos propios de la aldea global, la construcción de una nueva personalidad de derecho implica el riesgo de pérdida de los nacionalismos o la aparición inoportuna de mensajes de error en el software humano ante cualquier intento de parcialización arbitraria.

En el marco de esta realidad de coexistencia, lo fáctico habrá de retrotraerse dispersando aún más sus límites, ya de por sí empequeñecidos.

Así, la razón del incumplimiento podría entenderse como basal, en directa consideración a la viabilidad hipotética de desobedecer, desde tal perspectiva, el mandato de normas aún no formuladas, todavía no erróneas.

Es la "realidad" de la red - nueva escenografía inclusiva del sujeto, no orbital ni circundante, ajena al litigio y a la obligación de rendir cuentas - donde el nombre propio no es relevante y toda apariencia es susceptible de sustitución. Un lugar mitológico en el que las "señas particulares" trocan y la individualización exige, siempre, un guiño cómplice de quien acepta ser individualizado.

La reciendescubierta desnudez jurídica del sujeto colectivo variable sitúa, en cada segundo, la eternidad. Cósmica noción del hombre conectado que espera el trueno, simple y malsana emoción de la serpiente que pugna por la construcción compartida de un final distinto al que hemos conocido y que, por cierto, no parece habernos favorecido demasiado.

> *"Entonces la serpiente dijo a la mujer: No moriréis. Mas sabe Dios que el día que comieres de él serán abiertos vuestros ojos y seréis como dioses sabiendo el bien y el mal. Y vio la mujer que el árbol era bueno para comer y agradable a los ojos y árbol codiciable para alcanzar la sabiduría; y tomó de su fruto y comió y dio también a su marido, el cual comió con ella.*
>
> *Y fueron abiertos los ojos de entreambos y conocieron que estaban desnudos...*[9]

Mientras transita la emoción de la serpiente, mientras todo es un largo y

9 Génesis, 3:4, 3:5, 3:6 y 3:7.

único segundo a la espera del incierto trueno, nos descubrimos situados a las puertas propias del abismo.

Habiéndonos adentrado ya, un apreciable tramo, en el autismo constitutivo del hombre coexistente de este siglo; un último, delgado, enfermizo, decadente, apenas audible hilo de voz nos remite a las viejas, repetidas obsesiones inconclusas.

Así, la ausencia repentina, fatal, abrupta, aplastante del gran relato narrativo estructurante, nos obliga a retomar las mismas preguntas, ahora a partir del átomo de ficción regional que nos toca construir, a saber:

I ¿Cuál es el juego paradojal y esquizofrénico del Derecho en *esta nueva sociedad huxleyana post 11-S?*

Para comenzar, la necesidad de un apunte ante la portentosa premonición de Aldous Huxley: según entrevimos precedentemente, la "neumática" sociedad de este siglo no parecería fundar un mundo feliz.

Ello puntualizado, deberíamos concederle al resto del relato la exactitud discursiva de una fotografía, es decir, detención natural del movimiento, quietud, fin momentáneo de la ficción en pose, reflejo, pérdida irreparable del instante en su codificación.

La imagen de sí nunca es real, no puede serlo –por aquello de que somos lo que no podemos ver, de que lo que no miramos es, precisamente, lo que somos, etc.-.

Por el contrario, tal vez sea –la imagen de sí- solo una visión parcial de la imagen que algunos otros eligen construir sobre uno, por azar escogida como propia entre tantas otras parcialidades posibles, retoques, resabios, fotomontajes, ediciones.

Entonces, la esquizofrenia del Derecho -en cuanto separación de todo contacto con la realidad o divorcio o pérdida de la noción primordial de esta abstracción preponderante institucionalizada- parecería, no ya un destino inevitable sino su opuesto y yuxtapuesto, su concordante y distinto, su repetición antagónica, esto es; un punto de partida ineludible.

Ante la ausencia palpable de una realidad virtualizada, el Derecho suele presentarse como naturalmente esquizofrénico, divaga entre inteligencias disímiles, se extravía, de ordinario, en el curso de los caminos más rectos.

Pretende comportamientos encontrados, exige cumplimientos imposibles, acostumbra a olvidar premisas básicas, se abruma en su ínsita inflación conceptual enmarañada.

El plexo normativo endógeno, la apreciación de lo debido, de lo pretendido –haya sido o no precedentemente enunciado- la aprehensión de lo pensado en la cosmovisión individual y de grupo, sigue representando, sin embargo, a lo relativo fundante; configura una suerte de software de base, de sistema operativo. No es suficiente pero se sabe imprescindible.

Así, el Derecho se asume como nuestra noción primordial, la garantía de reinicio, el hilo conductor, un último recurso ante la crisis, el primer elemento, la tabla de salvación.

En definitiva, la anhelada solución de continuidad en la diferencia y deferencia del propio sentido de organización del mundo. El alivio de una cosmovisión compartida y su constatación.

Si la humanidad no se agota en un solo hombre –ni siquiera parece detenerse en él- pero un hombre resume, para sí, a toda la humanidad; la inexistencia de la paradoja deviene en la iracunda justicia de la turba.

Tal y como el concepto -que encierra su propia negación y opuesto- la primera, la más directa reacción jurídica del individuo no paradójico, debería ser la pretensión ilimitada de venganza.

El juego paradojal del Derecho podría presentarse, en este planteo, como la institucionalización que retorna, la hipocresía operativa, la comedia que sigue su curso y nos incluye.

Más y mejor derecho para salvar el naufragio; por decantación, resignificación y recuperación de las instituciones en el complejo andamiaje de nuestra ficción operativa conjunta.

Así pues, la marca indeleble del Derecho como expresión de lo sagrado empuja al error jurídico –no ya al error discursivo sobre el que todo lo jurídico se funda- hacia el dominio de lo ni aceptable, de lo imposible, de lo imperdonable.

El error de Derecho se niega como posibilidad, en tanto aceptar la ignorancia jurídica implicaría la convalidación del sacrilegio.

Del mismo modo, no parecería posible reconocer la mutilación de nuestro espejo sin afectar la integridad de la imagen, con esfuerzo construida a través de una noche de siglos.

Si la noción jurídica es endógena y constitutiva, no puede otorgarse a nadie, abiertamente, la facultad de desconocerla, desconocerse, desconocernos. El espejo roto expone la obscenidad de su vacío; la egolatría del reflejo que somos dramatiza la carencia parcial, asumiéndola como una agresión inadmisible, cerrando los ojos a lo malogrado, por imperio de la racionalidad.

Más allá de la incorrección del lenguaje y su inutilidad como copia, el problema del error de Derecho es, en definitiva, el problema de la existencia misma y de la imposibilidad del Derecho, es decir, el problema de la locura.

Luego es, al menos en Latinoamérica, la adopción de la esquizofrenia como modelo informe y unívoco de construcción del conocimiento desde la arbitraria negación unilateral e incausada de la eternidad.

> *"...Y dijo Jehová Dios: He aquí el hombre es como uno de Nos sabiendo el bien y el mal: Ahora, pues, porque no alargue su mano y tome también del* árbol *de la vida y*
> *coma, y viva para siempre:*
> *Y sacolo Jehová del huerto del Edén, para que labrase la tierra de que fue tomado.*
> *Echó, pues, fuera al hombre y puso al oriente del huerto de Edén querubines y una espada encendi da que se revolvía a todos lados, para guardar el camino del árbol de la vida..."*[10]

La prevención de los dioses –en plural- oculta el árbol de la vida a la

10 Génesis 3:22, 3:23 y 3:24

inconsciencia del incumplidor. La eternidad no ha sido, hasta aquí al menos, un objetivo posible sino ése deseo insatisfecho por el que – según han afirmado ciertos estudiosos de la conducta humana- caminamos, nos golpeamos, rebotamos unos contra otros, caemos y, solo de vez en cuando, nos levantamos; nosotros, los descendientes de aquella criatura sin parámetros.

Observamos que, en el gran mensaje de error producido a partir de la acción imposible adjudicada a Adam, lo esencial no es el componente punitivo del castigo sino la prevención de ulteriores conductas hipotéticas, futuros comportamientos de potencial aptitud riesgosa para el colectivo dios y sus privilegios, la evitación del mal mayor. Muchos dioses, había entonces, y una sola criatura.

Consecuente e inevitable generación de una mirada descendente, invertida, ególatra, lúdica, dispar, caprichosa, inequitativa, abusiva de poder, inicio de la pedagogía.

El juego del Derecho es un renunciamiento y, a la vez, la conciencia trágica de lo renunciado.

Lo paradójico es la hipocresía fundante, la racionalidad, la graduación, las pulsiones contenidas.

La esquizofrenia es su método, el modo en el que se alcanza y expresa el saber particular, la vía de su conocimiento.

El juego paradojal y esquizofrénico del Derecho será, entonces, su propia utilidad, la manera en la que el hombre material se sitúa en el mundo y ante los otros, El Otro, que a su vez lo resitúa.

Un mínimo rescatable, un croquis, un cátalogo que le permite, al hombre coexistente, enunciarse aún con los límites de su minúscula grafía: no dice "yo soy" sino "aquí estoy", o mejor, "aquí estamos ahora" (con esta particular, compartida e intencionada apreciación de lo real).

Parecería importante subrayar el "ahora" y la transitoriedad propia del "estar".

Nada más lejos de la codificación, de la pretensión exacta de tabulación, de la cuantificación invariable, fija, lívida, inerme. Un retorno a las fuentes, a los principios generales, un saludable abrevamiento en la telúrica, cosmogónica pastoril etapa de "sujeción del sujeto", el límpido manantial de un hombre –por fin- humanizado.

II ¿Cómo *Identificaríamos conceptualmente al esquizofrénico sujeto social colectivo de nuestro tiempo?*

III ¿Cómo podríamos explicar su lógica inalterable y persistente de comportamiento siempre *contradictorio?*

Dejemos, por un momento, a las adorables chicas neumáticas de Huxley. Es tiempo de embarrar el discurso, de ensuciar la trama.

Extraño a la red, el hombre coexistente del siglo XXI es –podría ser, según hemos visto- casi el golem[11] de la tradición judaica.

Un superhombre viable, vacío, al que no se habría accedido por evolución

11 El golem –simulacro-, según lo entiende la corriente judía de Praga, estatuilla de arcilla

fantástica, al que bien podría haberse descendido por lenta mutilación, degradación sistemática y suicida.

La creación destruye, quema los ojos, espanta el habla, deja sin palabras; a lo lejos, la risa estruendosa del viejo zorro de Nietzsche, aturde.

La sociedad post 11-S se presentaría así, en cierto sentido, con una azarosa persistencia, como un conjunto golémico de simulacros probables y seriados, hasta el hartazgo repetidos.

En tal postura, quizás sea el Derecho –por qué no- el nombre oculto, inexacto y fatalmente incompleto que bien podría salvar al tiempo social en la agonía del instante; la necesaria inscripción en la piedra que, sin aptitud alguna para el milagro, evite, sin embargo, o, al menos, posponga la caída, extienda, prorrogue, dilate el tiempo de emoción de la serpiente.

Asumimos que, cuando todo nombre es esquizofrénico, cualquier inscripción es paradójica.

En tal contexto, el orden jurídico –esto es: sus principios generales - se circunscribe, retorna, se envuelve y revuelve en su génesis sagrada: el incumplimiento-el deber ser-el nuevo deber ser- el otro incumplimiento. El susurro sagrado engendra lo jurídico en lo humano, sin identidad de formas, valiéndose de un hálito difuso.

La norma recorta entre panoramas posibles, impone un "hacer" a determinados "estares" y, en el ejercicio autoritario de la opción, en la adopción del –siempre arbitrario- grado cero de la conducta pretendida; deslinda lo inasequible, lo ímprobo, lo reprochable; construye el agujero negro de l a antijuridicidad, el continuo incestuoso, la lógica del deseo.

La sociedad virtual, y fuera de ella también la virtualizada realidad paralela -perpendicular a, penetrada por la red-, aparentaría estar requiriendo una nueva visión del abordaje normativo.

El trueno puede llegar en cualquier segundo, la caída no espera, el aleph inscripto en la criatura –hilo delgado de la vida- se mantiene en un equilibrio inestable de creciente erosión.

Dicho de otro modo: las respuestas urgen cuando observamos el palpitante aleteo de nuestro reflejo mudo, pronto, tal vez, a su ataque de violencia final.

La imprevisibilidad jurídica deviene en una inmadurez ontológica, proverbial, del sujeto, nueva tipografía del verbo primigenio.

La inflación legislativa, la generación desmadrada de tantos y tantos mandatos incumplibles - aún en la potestad del deber ser de su incumplimiento- crece como un manantial de lava, amenaza con arrasar al sujeto colectivo, destruye las huellas de su camino. Decodificar, quizás sea, limpiar, sobrevivir ante la claridad de los axiomas.

Amanecer al precepto, el día después del día después.

---

a la que se le da vida a través de la inscripción del Nombre secreto de Dios en su frente. Mas el error se halla en la esencia de toda creación: entiende cierta corriente que el nombre impuesto resultó fatalmente erróneo y la criatura atemorizante se escapó a la ciudad –en la que sembraría el terror, reapareciendo cada treinta y tres años-, sostienen otros autores que el simulacro no fue destruido a tiempo por su creador –el rabí Judah Loew Ben Bezalel, del siglo XVI- y creció hasta proporciones gigantescas, volviéndose contra él y aplastándol

El sujeto colectivo no esconde ni subsume al individuo de este siglo, que no le pertenece.

El interés del conjunto no resulta, ya, plusválico a la suma individual de sus partes.

IV.- ¿Cómo devolverle al individuo aquella corporeidad primordial que lo constituye?

V.- ¿Cómo convencer al ser humano de su capacidad para adquirir – acceder *a - derechos y contraer –asumir- obligaciones?*

> *"No es mediante la creación de marcos jurídicos incuestionables o mediante la promoción de epistemologías formales que se evitará la violencia. Solo la voluntad política de una comunidad que se impone por su energía puede sobrevivir. De la* ética *del deber a una* ética *del querer"*[12]

Caracterizamos al tiempo de la emoción de la serpiente como el inicio de lo relativo fundante, en cuanto idea endógena, dogma jurídico ante la inminencia de un castigo próximo y ejemplificador, instante poético precedente a la asunción de la culpa.

Identificamos a la violencia bíblica de la hora que habitamos como la absurda tiranía de lo procesal configurada en una ética del deber, insistente en su afán de reducir al golem humano a un arbitrario nombre imposible ("un ente") impulsándolo hacia la enfermiza persecución de su improbable patronímico singular.

Empero, sabemos, que el sujeto de derecho no parece, al menos hoy, agotar las posibilidades humanas de la persona; que la norma resulta ajena a la realidad que sobrevuela, y que la justicia no debería circunscribirse a la mera administración de los conflictos que, por otra parte, la exceden en proporciones insultantes.

El aristotélico concepto de equidad en el que se funda toda nuestra concepción de orden jurídico tal vez se haya derrumbado, la hipótesis de base no es ya la ignorancia sino el desinterés, el peligro de la indiferencia; a nadie le importa realmente qué viene a ser lo suyo de cada uno.

He aquí el paso que faltaba para la caída, el pie en el aire fuera de la cornisa.

El individuo que clama por justicia, aún conociendo la imposibilidad de satisfacer su petición –o tal vez, precisamente por eso- defenestra el sistema en el que desconfía a través de su afán de recurrir repetidamente a él tal y como se yergue una excusa, como se juega – por compromiso- una última carta que se presume insuficiente.

La fe en el orden legal se ahoga ante la magnitud del fracaso continuo, el sistema jurídico ahonda su vacío, se extravía en lo complejo de sus cerradas explicaciones procesales y artilugios kafkianos.

Desde tal perspectiva el proceso, en cuanto discurso de lo verosímil-etimológicamente similar a la verdad y, por lo tanto, ficcional e incierto en

12 Planteo de Tomás Abraham en *Pensadores bajos..*

cuanto no-verdad - transporta su trauma de vanidad y confusión, ahoga la realidad material de la idea constitutiva del sujeto, deglute el resto del Derecho.

Visto así, el sujeto de derecho es - podría ser, en el marco de la sociedad coexistente, en cuanto protagonista del sistema procesal- un pájaro de Aristófanes[13] que se alimenta de los mismos individuos que lo generaron y a los que, inconcientemente pero sin culpa, destruirá por mandato de su propia naturaleza.

La absoluta negación del error de derecho como posibilidad conforma una limitación que lo corrompe, revolviendo en su génesis barrosa de inexactitud discursiva.

Aún cuando, en principio, parecería no haber tragedia en el mandato que impulsa la creación como garantía de la propia finitud, aún aceptando que -siempre en teoría- no se observarían contradicciones en la idea que vislumbra la concepción como certeza de la mortalidad, -crear para ser destruido, ser en la carne para dejar de ser en el tiempo, transportar la dignidad de la entrega-, la destrucción del sujeto de derecho por parte del propio orden jurídico por él generado, vendría a implicar la sublimación del dolor, un calvario de magnitudes inverosímiles, el triunfo de la copia infiel, la sacralización del error.

Ello así, en cuanto parece suficientemente claro que, si la persona excede al sistema, el sistema debería intentar una mayor flexibilidad ante su pretensión de abarcarla.

"Cada quién pone su paraíso en el infierno de los demás", dijo Alberto Moravia[14], pero no es suficiente.

Ante la ausencia de una mínima confianza, sin un pacto previo de aceptación, la trama no funciona; ergo, la comedia se cae. Volvemos, entonces, al individuo aislado, eligiendo –de nuevo- el escape de Internet, en un repetido - y aún más pauperizado- retorno de este superhombre inesperado. Observamos, entonces:

1.- La red como escape de personalidad.

2.- La red como resistencia a la autoridad.

3.- La red como espacio ajeno a la punición.

4.- La red como catarsis ante la manifiesta arbitrariedad de los "dioses" del sistema.

Deberíamos, tal vez, volver a preguntarnos:

VI. ¿Cómo construir un Derecho equitativo para una sociedad de seres virtuales dispersos en *no-países?*

Siglos atrás, Platón le hacía decir a Fedro que *"la verosimilitud y no la verdad produce la persuasión..."* de modo que *"ante los tribunales más que la verdad puede la verosimilitud. Hay casos en que debe evitarse la exposición de los hechos*

13 Los pájaros de Aristófanes considerados como una figura poética suprema: "verdaderos cementerios errantes" según postula Octavio Paz en "Salamandra" y, por otro lado, como paradigma probable de "lo universal-singular".

14 Brillante apreciación filosófica ocasional puesta por Moravia en boc a del limitado y elemental personaje principal -Adriana- de la novela "La Romana". Párabola exacta del conocimiento elevado y sintético, no azarosamente exógeno a todo discurso académico.

tal como ocurrieron, si lo verdadero deja de ser verosímil..."[15]

Coincidiendo con Tisias en aquello de que *"verosímil es lo que parece cierto a la muchedumbre"*[16] parecería válido concluir de este planteo que, ante la pérdida repentina de la Gran Ficción estructurante -los inalienables derechos del Sujeto de Derecho y su imposibilidad de error-, la incertidumbre ha apurado a la improvisación de pobres substitutos inválidos, de verosimilitud incierta.

La globalización indiscriminada -no deseada por gran parte de aquellos hombres a quien se propone involucrar, fácticamente imposible y, por lo demás, excluyente- podría ser así, no más que un no-valor afirmado, precisamente, en la generación impuesta de micro- relatos de diferenciación, aparentemente antagónicos a ella, reivindicativos o complementarios. Apenas una pobre percepción equívoca e inquisitiva, surgida del unívoco, impertérrito, necio, mudo poder post 11-S., la simple copia de la copia infiel, hasta el infinito emulada.

Dada su particularidad de no-valor, la pretensión globalizante, no puede ser sino inequitativa, en tanto responde, desde su génesis, a una lógica vertical de dominación.

Empero, la integración no es susceptible de imposición, a la equidad no se obliga. Los regionalismos parecen ser la respuesta encontrada por los gobiernos -fundamentalmente en aquellos países no consultados en el proceso de creación de este nuevo dogma- en tanto la respuesta común de los hombres coexistentes es la red. El uso de la red y la formulación de sociedades libres y efímeras, sustentadas en la coincidencia momentánea sobre algún interés particular, provisorio, a satisfacer.

Lograda la satisfacción de su necesidad inmediata, el hombre virtual se desvanece, la persona a tutelar por este orden jurídico específico muta, se integra a otro sujeto colectivo distinto o a ninguno, utiliza su postrero dejo de voluntad para el ejercicio de una peligrosa y cotidiana opción. Entre paréntesis, el transcurso vacío de la desconexión.

En el variable intersticio temporal entre su integración a uno y otro sujeto colectivo, la personalidad virtual del hombre material deambula, se diluye, se torna aérea, innominada; flota.

El superhombre golémico, que transita así la emoción de la serpiente, acumula suicidios y génesis espontáneas con la despreocupación de la inconsciencia; la idea endógena del Derecho lo sostiene y enhebra. La noción persistente del orden jurídico propio establece un continuo necesario

15 Podría ser lícito ver aquí, un anticipo de la cruenta batalla entre la "verdad real" que afecta nuestro más elemental sentido de justicia y la "verdad formal" que es el valor perseguido en el trámite procesal. La llamada "verdad formal" como supuesto símil de la "verdad real" inhallable, permite inducir un natural espac io de injusticia ínsito en toda representación, atento a la distancia ineludible entre las particularidades propias del objeto a representar y los esfuerzos, fatalmente, vanos del representante. Es en este espacio preciso donde habrá de nacer, posteriormente, la sacralización del error como génesis del mandato impuesto a partir del pecado.

16 Triunfo social del valor "verdad formal" por sobre el intento fútil de concebir una "verdad real", aceptación global del mandato erróneo sacralizado.

entre cada una de las instancias personales de este individuo coexistente e innominado, se afirma como su imprescindible y necesario software de base, el principio y el fin de cada una de sus incursiones por el espacio común elegido.

Recordemos: atento su inevitable naturaleza de mero recorte perceptivo, toda realidad es virtual.

Ello considerado, una vez elegida la virtualidad a regir, cualquier sistema jurídico importaría similar grado de dificultad.

Mas, las ficciones estructurantes no resultan susceptibles de traslado ni interpolación; alejadas de su contexto, las herramientas conceptuales no sirven, dejan de funcionar.

La inutilidad de los fórceps se revela ante la inverosímil pretensión de adecuar nuestras arcaicas estructuras racionales a este nuevo escenario.

Somos conquistadores frente a la Amazonia, vanamente intentamos identificar lo que vemos en función de improbables similitudes e insistimos en nombrar inconvenientemente. Nos resistimos a entender que el nombre no importa en absoluto, nos asusta levantar el dedo y señalar.

El sujeto colectivo variable es un animal inaudito –que se nos presenta en un contexto extraño- y su proceso de internalización de la norma exige un abordaje específico.

Ontológicamente, una cebra no puede definirse como un caballo con rayas, ni un tucán es un gigante loro negro.

El sujeto colectivo se dispersa y reacomoda, no acaba. Toda realidad es virtual, y entonces, la virtualización de la realidad implica – necesariamente- un nuevo entendimiento de lo ficcional, otro límite, un nuevo concepto de inclusión y exclusión; otro sistema de razón posible.

En el tiempo de emoción de la serpiente, al aguardo del trueno, el flujo continuo entre lo material y lo difuso - entre lo palpable y lo plasmático-, se configura en cada hombre a partir de la propia –y compartida- cosmovisión jurídica, halla sustento en la particular –y única- distinción de lo prohibido.

Los márgenes del deseo, en la sociedad golémica, se estructuran a partir de la flexibilidad; la codificación podría ser, entonces, solo una más de aquellas obsoletas herramientas heredadas de un tiempo superado.

La flexibilización del orden propuesto habría de importar así, necesariamente, su adecuación a las conductas del hombre material coexistente y, también, su internacionalización.

La verosimilitud de las fronteras responde a una antigua formación gnoseológica de los tribunales.

La red es mundana, el hombre es mundano, los capitales migran. Tal vez, una nueva noción de lo prohibido, una consensuada visión del bien y del mal, podría retrocedernos hasta los tiempos pre-babélicos, nos retornaría dioses, deidades precarias y disímiles que pugnan por evitar el castigo.

VII.- ¿Qué *es, qué puede entenderse como un "derecho humano"?*

VIII.- ¿Cómo interpretar, acotar, definir los derechos naturales de este individuo, voluntaria y espasmódicamente integrado a un colectivo difuso?

Observamos que, en el transcurso de la fugacidad coexistente, los derechos parecerían ser solo - y nada más que- su uso.

Meros sitios a los que se accede para el goce, espacios conceptuales que permanecen incólumes ante la dispersión recurrente del sujeto, bastiones de resistencia al abandono de la propia voluntad.

La distancia entre un derecho adquirido –en teoría conceptual- y su viabilidad de ejercicio –en el sustrato fáctico- delimita el imperio de la verosimilitud por sobre la verdad, cuantifica el fracaso de la convención aceptada, obliga a callar –frente al Tribunal, según platónico concepto- los hechos ciertos en cuanto surjan radicados en los extramuros del discurso verosímil.

Fuera de la lógica acumulativa y optimista, unilateral, unívoca, petulante e inmóvil del sujeto de derecho; toda acreencia jurídica ha de ser tal, en tanto y en cuanto sea viable su ejercicio.

Así, desde el punto de vista del individuo concientemente fungible de este siglo, el primer derecho humano debería ser el derecho al derecho.

El permiso para una cosmovisión personal, el salvoconducto al fracaso del arbitrario nombre que, por necesidades extrañas, se le adjudica.

Despojado de todo discurso procesal, sin atención a las formas, el hombre coexistente es el hálito continente de un verbo irrealizable, la maravilla de una acción imposible, la belleza particular del sonido que lo nombra, que expresa, que a nadie más interesa, que a él –sin embargo- lo conforma y constituye.

El discurso propio surge, entonces, –sin más - de una atribución arbitraria y ajena, justificando en tal génesis el origen semántico de la norma y fundando, solo en segunda instancia, la vida, la internalización de la vida, la conciencia de la vida, la existencia racional –aun antes de todo raciocinio-.

El derecho a la existencia debería preceder así, desde cualquier estructura cognitiva, a la misma existencia particular. Tenemos derecho a ser lo que somos, aún antes de ser, después de haber sido. El niño por nacer, el cadáver, la atribución del nombre pertinente y su residual conceptual de inercia. Antes del password no hay orden material, no puede haberlo. Solo idealizaciones, generalidades, teorías.

La materialidad ha de iniciarse –y reiniciarse, recomenzar- con cada hombre integrado al colectivo provisorio de la humanidad factible en un instante puntual, con cada conexión.

Lo dijimos: la humanidad no se agota en un solo hombre –ni siquiera parece detenerse en él- pero un hombre resume, para sí, a toda la humanidad.

En la acción viciada y prohibida del suicida, es el mundo entero –su historia, su porvenir dudoso y subjetivo- aquello que se niega. Quien se adjudica la muerte, la reparte.

El conjunto de ciertos valores compartidos, la atribución de un parámetro y un paradigma estructurante, condicionan y justifican a cada individuo material, desarrollan las reglas de su referencia.

Otra vez: el Derecho no libera, pero contiene.

Una vez conceptuado -por naturaleza- el orden jurídico propio, son las condiciones de relación dentro de tales pautas -o fuera de ellas, pero siempre tomándolas en consideración- las que terminan de conformar al hombre, según la visión de aquellos con los que interactúa.

El sujeto global asume, generalmente, comportamientos regionales. El colectivo difuso es -al menos ha sido hasta aquí- ciertamente identificable según sus regionalismos, la dirección de sus chauvinismos o fobias, el sentido de su discriminación.

La sociedad material -transversal a, penetrada por la red- condiciona ineludiblemente la información compartida en la pantalla. Aún con ello, bien se puede ser exiliado en el propio país, también dentro de las más espléndidas ciudades crece la soledad.

En el amanecer -siempre se ingresa a las ciudades espléndidas en el amanecer-, armados de una ardiente paciencia, en la figuración exacta y fabulosa del momento anunciado por Rimbaud,[17] se nos propone -de nuevo- la gracia de elegir el pasado, nuestro pasado. Babel, el orden nacional, la prehistoria.

El habla, la lengua, el caldo primigenio, la nada, el castigo, la noción primaria del Derecho.

17 "...El combate espiritual es tan brutal como la batalla de los hombres; pero la visión de la justicia es únicamente el placer de Dios. Mientras tanto, es la víspera. Recibimos todos los influjos de vigor y de real ternura. Y en la aurora, armados de una ardiente paciencia, entraremos en las espléndidas ciudades...." Rimbaud, Arthur: Una Temporada en el infierno: abril-agosto de 1873

IV.- La (im)probable ocurrencia de justicia en la metáfora de representación (el proceso)

La visión del pensamiento débil ante la imposibilidad manifiesta de que "sea justicia."

"Un sistema legal que funciona es una fuente de incertidumbre"
Jon Elster

"Ciertamente, la ley de la ponderación como tal no formula ninguna pauta con cuya ayuda puedan decidirse definitivamente los casos. Sin embargo, el modelo de la ponderación como un todo ofrece un criterio al vincular la ley de la ponderación con la teoría de la argumentación jurídica racional"
Robert Alexy.

1.-) UNA VISIÓN DEL FENÓMENO JURÍDICO DESDE EL PENSAMIENTO DÉBIL

La noción de pensamiento débil se instaura en el *espacio-tiempo* delimitado por el heideggeriano fin de la metafísica y la constatación de la muerte de Dios, oportunamente difundida por Nietszche y de la que tanto, y tan libremente, se ha interpretado.

Es necesario considerar, para un mejor entendimiento de esta postulación, que Nietzsche no mata a Dios - como errónea e insistentemente se ha sostenido- ni, de modo alguno, propugna la necesidad de acabar con Él.

Por el contrario, sostiene que *si Dios ha muerto, ha sido bajo la mirada de sus propios fieles* y que, *muerto él, será la hora de que nazcan muchos dioses*.

En su formulación, Nietzsche solo se limita a constatar un dato externo y preexistente a su voluntad, que aprecia como indubitable y digno de mención.

Idéntica postura adopta Heidegger: de ninguna manera se propone terminar con la metafísica; solo se asume como el mensajero de un final consumado ya, mucho tiempo antes de su llegada.

Es insoslayable considerar debidamente estas precisiones al margen, a los fines de comprender que, según puede leerse de las posiciones teóricas asumidas por el profesor Gianni Vattimo (anunciador de un pensamiento cuya *debilidad* se refiere, exclusivamente, a la constatación de los límites de la razón) el hombre no busca el pensamiento débil, ni se regodea en él.

Simplemente instaura en su huella -como espacio-tiempo, común, de juridicidad que lo justifica y determina aquello que será, para él, lo pensable- el trazo, fatalmente efímero y consecuentemente angustioso, de su presencia individual.

El hombre, dice Heidegger, es tiempo y libertad.

Y es, en cuanto ocurre, en la coexistencia de una presencia compartida.

El ser heideggeriano se apropia de su olvido y, en la amplitud del campo delimitado por esa apropiación es, también y en el mismo momento; *lo que será, lo que pudo haber sido, lo que ya no es*.

El hombre, dice Nietzsche, es, a la vez, la creación y el creador de sí mismo; la obra de arte que *modifica su entorno y, en esa tarea, se modifica, creándose*.

Si Kuhn había sostenido, ya en 1962[1], que ninguna teoría es válida o errónea, más allá de los límites del paradigma ocasionalmente utilizado para su evaluación; Vattimo y Pier Aldo Rovatti -más de veinticinco años después[2]

1 KUNHN Thomas S., enuncia su teoría de los paradigmas –a los que equipara con las lentes de un microscopio 'en cuanto sirven para ver, porque precisamente ellos no se ven' en su obra *"Estructura de las revoluciones científicas"* con primera edición en castellano al año siguiente.

2 VATTIMO, Gianni y ROVATTI, Pier Aldo; editores del libro *"El pensamiento débil"*, publicado en 1988 y que, contara, además de sus propias investigaciones sobre el tema, con la inclusión, por orden de publicación, de ECO, Humberto, *'El Antiporfirio'* ; CORCHIA, Gianni, *'Elogio de la apariencia'* ; DAL LAGO, Alessandro, *'La ética de la debilidad. Simone Weil y el nihilismo'* ; FERRARIS, Mauricio, *'Envejecimiento de la escuela de la sospecha'* ; AMOROSO, Leonardo, *'La lichtung de Heideeger como locus (non) lucendo'* , MARCONI,

vienen a decir que muerto Dios y sin metafísica, no hay posibilidad ninguna de validación o falsación de hipótesis.

Ello no significa, claro está, que no exista la razón o que pueda prescindirse alegremente de ella en la estructuración de la coexistencia -intención que insistentemente se ha imputado, al menos dentro de los espacios académicos italianos, a quienes participaron de esta postulación-.

Por el contrario, la construcción permanente de la verosimilitud (grupal) y de la certeza (individual) -ante la inexistencia de una *Verdad modelo a la que adecuarse* o de una *Verdad fin que perseguir*- supone la adopción, por el colectivo social, de una tarea de proporciones ciclópeas.

La precariedad de las estructuras exige, necesariamente, una mayor seriedad en el compromiso asumido respecto a la elección del Derecho como contención y referencia común ineludible.

En la conversación está el conocimiento, sostiene el pensamiento débil.

El simple hecho de prescindir, en la enunciación de esta postura, de la exclusividad tras untada por los conceptos de *diálogo* (sobre el que se prefiere el de *conversación*) y de *saber* (el que ha de sustituirse por la noción de *conocimiento*) envía, esta singular apropiación de la juridicidad, hacia dos planos de interpretación:

a.) *La insoslayabilidad de lo plural*

En cuanto el *conocimiento* se construye y muta en su continuidad, por propia definición, sin adjudicar lugares de poder a quienes pretenden su apropiación -como sí puede hacerlo el *saber*- y la *conversación* implica una confrontación en lo inmediato, sin requisitos de admisibilidad a los debates (por ejemplo, sobre la conveniencia o no del dictado de determinada norma).

b.) *La movilidad de lo real (y, consecuentemente, de su aprehensión)*

En cuanto todo aquello que es admitido (por ejemplo, como *derecho positivo*, pero también como *regla moral*) según ciertas necesidades del colectivo en un momento histórico dado, es –en la propia concepción del *ser* en cuanto ocurre *en el olvido y en su reconstrucción esquemática*- esencialmente efímero.

Desde esta perspectiva, toda prescripción jurídica encerraría, sobre sí, un debate latente de coherencia respecto a los modos de su instauración en la huella común de juridicidad referencial o marco de lo pensable.

Somos, también, el Derecho que vivimos.

La noción performativa de aquella huella de juridicidad en la que instauramos nuestro trazo individual y que, por ello, nos justifica; ocurre así, en tanto cada uno de nosotros, *acaece*, apropiándose de su referencia.

En el límite de lo inefable –que Rorty supo encontrar en la *solidaridad prelingüística ante el dolor*[3] pero que, acaso, podría resistir un envío válido hacia

Diego, '*Wittgenstein y las ruedas que giran en el vacío*' ; COMOLLI, Giampiero, '*Cuando sobre el pueblo cubierto por la nieve aparece, silencioso, El Castillo*', COSTA, Filippo, '*El hombre sin identidad de Franz Kafka' y CRESPI, Franco 'ausencia de fundamento y proyecto social.*

3 RORTY, Richard, postula este límite del discurso en "*Contingencia, ironía y solidaridad*"

la apropiación angustiosa de la muerte, siempre personal- el Derecho no existe sin el hombre.

En la construcción de su identidad subjetiva -*como creador y como obra de arte*, diría Nietzsche- el hombre no puede prescindir del Derecho.

Desde estos mínimos presupuestos, el pensamiento débil construye para la libertad autonómica de los justiciables.

Su *conversación incesante* -sin metarrelatos ni jerarquizaciones ontológicas - se afana en lograr una tendencia hacia la identidad entre la *idea general* - cosmovisión o referencia- y la *idea particular* - subjetividad propia- de lo justo; mucho antes que en perseguir definiciones de *justicia*.

La percepción sistémica se entiende, en él, preeminente a toda razón valorativa: ninguna norma funciona sin predisposición a la creencia de quienes han de cumplirla.

¿Es el *derecho* -como sostiene el pragmatismo, en una muy difundida apreciación- *aquello que le parece tal a quien ostenta la potestad de juzgar*?

Puede ser, dice el pensamiento débil; solo que en la complejidad del fenómeno jurídico -y, en particular, en aquello que hará a la percepción que de él, pueda tenerse- no solo juzga el juez, sino todos y cada uno de los justiciables.

Además, como supo advertir H. L. A. Hart;

"seguro que derecho no puede significar simplemente lo que los funcionarios hacen o lo que los tribunales harán, puesto que es menester una norma de derecho para que alguien sea funcionario o juez".[4]

¿Es el *derecho*, por el contrario, *la expresión positiva de una justicia natural* que lo precede, excediéndolo?

Puede ser, en tanto y en cuanto se acepte que el hombre no es un ente de realización de valores que no existirían sin él.

Así, sin posibilidad de considerarnos como *instrumentos* o *imágenes*, debemos aceptar que, en cualquier caso, *toda pretensión valorativa* acaece en coexistencia con el individuo material (y ya no con el ente) que la yergue

Para continuar con el planteo de Hart, entonces;

"La afirmación (agustiniana) de que 'una norma jurídica injusta no es una norma jurídica' no suena tanto a exageración y a paradoja, sino a falsedad, como (si se afirmara que) 'las leyes no son derecho' o 'el derecho constitucional no es derecho'[5]

El hombre es tiempo y libertad para su autorrealización como proyección y como ser proyectivo; no es un medio, sino un fin.

No es la imagen de una esencia, sino el constructor limitado de un concepto

---

con primera publicación en 1989, es decir, al año siguiente de que apareciera en Italia la recopilación que dio en llamarse *'El pensamiento débil'*

4 HART, H.L.A., *"El Concepto de Derecho"*, trad. de Genaro Carrió, 2ª Ed. (reimpresión), p. 2., Abeledo Perrot, Bs.As., 2004.

5 Ib idem, p. 9.-

de *"realidad"* -entre tantos otros posibles - que lo incluye.

Sin embargo, es (*esto es, acaece, ocurre y, luego, se apropia del olvido de sí*), fundamentalmente, a partir de la visión de aquellos con quienes coexiste y según los modos en los que, cada vez, pretende plantear esa coexistencia.

La libertad -enseña Kaufmann remitiéndose a Kant- es, siempre, *libertad para la autonomía.*

La autonomía, por definición, supone el reconocimiento *del otro.*

En este reconocimiento, el *"yo"* -sea individual o colectivo, es decir, ya dispersándose en el *nosotros-* afronta la tragedia kierkegaardiana de su elección constitutiva.

2.-) La imposibilidad de "que sea justicia".

Desde el pensamiento débil, la tradicional oposición iusnaturalismo-positivismo -que tantas y tantas páginas memorables insumió- se circunscribe a una simple confusión lingüística en torno al campo de significado abarcado por los términos *"derecho"* y *"justicia"*.

El modo de aprehensión de este conflicto exhibe, entonces, una notoria cercanía con el planteo alguna vez propuesto por Carlos S. Nino, según los siguientes términos:

"Los iusnaturalistas sostienen que es imposible identificar al derecho positivo sin tomar en cuenta consideraciones valorativas -como las que se refieren a la justicia de sus disposiciones-, en cambio,

Los positivistas arguyen que el orden jurídico positivo de una sociedad puede identificarse sobre la base de propiedades puramente fácticas – como la institucionalización y la coactividad-, sin que sea necesario, para esa identificación, adoptar un compromiso valorativo."

Al fin, decía Nino, "la verdad de una u otra posición depende del concepto de derecho que se emplee", porque:

"Puede adoptarse –y de hecho así se hace en algunos contextos- un concepto de derecho puramente descriptivo que responda al ideal positivista; pero también puede adoptarse en otros contextos un concepto normativo como el que propugnan los iusnaturalistas, que solo identifica como normas jurídicas a juicios que derivan de normas jurídicas válidas.

Como no hay razón para ejercer un imperialismo conceptual y pretender que se use un solo concepto de derecho, esta vieja controversia se disuelve en una mera diferencia sobre el uso de la palabra 'derecho".[6]

6 NINO, Carlos S. *Derecho, moral y política I 'Metaética, ética normativa y teoría jurídica'* 1ª ed.,

Es precisamente a partir de esta postulación, desde donde aprehende, el pensamiento débil, el fenómeno jurídico y luego emprende su construcción, continua y compleja.

Tales características del fenómeno jurídico –complejidad y continuidad- devienen de su irrupción como huella o expresión discriminatoria que, instaurada por un modo eventual de apropiación de la juridicidad común, ha de reconocer –y, justamente, lo hace en la instancia de su imposición como referencia- a:

- incluidos –para quienes es siempre posible hacer valer sus acreencias jurídicas -
- marginales –quienes disfrutan, solo ocasionalmente, del ejercicio de sus derechos como dádiva o *toma de conciencia* de aquellos en posición de disponer tal posibilidad extraordinaria- y
- marginados –absolutamente ajenos a cualquier posibilidad de afirmación-.

De modo que, si no hay razón para ejercer un imperialismo conceptual –y, verdaderamente no creemos que la haya-; ninguna elección puede válidamente proponerse como ontológicamente superior a otra.

La clasificación es, así, necesaria pero su jerarquización se construye en el reconocimiento de la arbitrariedad que conlleva.

Cada elección es válida solo dentro del cono particular de luz que define su temporalidad y, sea cual fuere la extensión de aquello que será *lo pensable* para la cosmovisión que determina, siempre ha de resultar tributaria del paradigma que la hace visible y no pasible de traspolación hacia *ideas de lo justo* forjadas por fuera de ella (puede extenderse hacia los marginales, pero no es susceptible de imponerse, por la fuerza, a los marginados)

Desde tales presupuestos, la exigencia de *que sea justicia* con la que los abogados solemos coronar todos nuestros escritos, deviene apenas como una formulación simplemente retórica que, desde el momento de invocarse, exhibe su fatal imposibilidad.

Sabemos que *no será justicia* y sin embargo, construimos el simulacro de pretender la *realización* de aquello que conocemos, sobradamente, que no ha de ocurrir.

Acudimos al sistema instaurado de juridicidad positiva, sea como excusa (cuando, en condición de víctimas, aspiramos realmente, a una venganza que no llega jamás en su integridad) o en busca de una función de velo (cuando, en condición de dañantes, pretendemos la obtención de una sombra justificatoria que oculte lo que asumimos como una *tragedia*)

Y sabemos que *la justicia no ha de ser* (esto es, que no ha de ocurrir, que no puede acaecer ni apropiarse de su olvido de sí) en razón de haber *verificado* - desde la constatación nietzscheana y, luego, desde la correlativa intuición de Martín Heidegger - la actual inviabilidad de la adecuación y de la fidelidad que la antigua seguridad de la fals ación – sujeta a la aceptación pacífica de metarrelatos unívocos - nos proponía.

---

p. 170, Gedisa Editorial, Bs. As., 2007.

En la re-presentación del proceso, el acto puro permanece inefable y ajeno (tanto al lenguaje como a la atribución de juridicidad que de él se *sirve*) y debe entonces, hundirse en la metáfora de la re- presentación (que es el proceso en sí, en tanto él también ocurre) para acaecer, luego, como ser-representado.

En el espacio de verosimilitud -que importa la distancia entre el ser inefable y el ser representado, superpuesta al acto de representación pero que, sin embargo, no resulta idéntica a él- la pretensión de justicia deviene en la aspiración hacia el - tal vez más básico y primordial-, reconocimiento de lo justo.

La hipótesis de su *realización* -no factible, en tanto aquello que, se sabe que *no será*, mal puede *realizarse*- exhibe una precariedad evidente, al abandonarse la pretensión del imperialismo conceptual.

Sin supuestos de "Verdad", sin realizaciones de Justicia, el Derecho en su plano genérico de afectación cognitiva (esto es, como marco de pensamiento, en cuanto imposición de juridicidad y situación individual ante su huella y no ya como metáfora de re-presentación en la que lo inefable resurge y se modifica) renace como idea endógena y performativa.

Es parte del hombre y, en cuanto tal es, también y fundamentalmente, tiempo y libertad.

Tal y como supo constatar Jon Elster, en su estudio relativo a la justicia transicional, tanto la aceleración como el retardo en la *imposición de lo justo* suponen, sin más, formas de su d enegación.[7] Denegación de lo justo que, de verificarse ante un supuesto puntual de juzgamiento, impulsará una percepción disfuncional de un sistema que, claro está, necesita de la *creencia* de los justiciables en su búsqueda de la libertad autonómica.

3.-) Palabras últimas.

La complejidad y la continuidad de las con-versaciones en torno del Derecho imponen la imposibilidad de fijar conclusiones definitivas, respecto a sus posibilidades de conocimiento.

Toda detención del relato es, apenas, una decisión del narrador; una necesidad del esquema de re-presentación utilizado y no de lo representado en sí.

Ante la orfandad de las supraestructuras validatorias -de uno y otro signo-, a partir de la exposición y consideración de la inmanencia fatal que, para el individuo, propone el pensamiento débil; queremos simplemente dejar asentada algunas anotaciones:

a.-) Toda cosmovisión es una forma de discriminación que establece los límites de aquello que será, para quienes transiten su huella, el marco de lo pensable.

b.-) El Derecho, en cuanto marco de pensamiento posible desde la instauración de la juridicidad, configura una idea performativa que aspira a garantizar la libertad autonómica de cada justiciable.

c.-) Ese afán de libertad autonómica que todo Derecho expresa se dirige

7 ELSTER, Jon; "*Rendición de cuentas. La justicia transicional en perspecti va histórica.*", trad. de Ezequiel Zaidenwrg, 1ª ed., Katz., p.109, Bs. As., 2006.

hacia aquello que será *lo justo* en cada eventualidad de juzgamiento, más allá de concepciones teóricas de un valor *justicia* naturalmente inefable y, entonces, siempre imposible como acto.

d.-) Desde la perspectiva del pensamiento débil –que propone la abdicación de la autoarrogada atribución colonizadora de la razón- el iusnaturalismo y el positivismo solo se oponen en términos de apreciación lingüística, en cuanto consideran diversos campos significativos para el término *derecho*.

e.-) Toda instancia de juzgamiento supone la consideración - sucesiva y simultánea en su sucesión- tanto de principios como de reglas positivas, sin necesidad del respeto a jerarquizaciones apriorísticas. Así, y, por ejemplo, en términos de Alexy; el acto de juzgar supone, siempre, una necesaria *ponderación* entre principios –entendidos como *mandatos de optimización*- en *colisión* ineludible:

"(si) *Dos normas, tomadas en sí mismas, conducen a resultados recíprocamente contradictorios. Ninguna es inválida, ninguna tiene una precedencia absoluta. Lo que aquí* (en tal instancia de imposición jurídica) *tenga validez dependerá de qué decisión deba adoptarse a la luz de las circunstancias del caso concreto.*"[8]

f.-) En cuanto *acción colectiva que transcurre en el tiempo* –la definición es de Nino[9] el fenómeno jurídico trasciende y contiene el tránsito del individuo, naturalmente inmanente,

dentro de una huella de juridicidad común de la que no puede prescindirse.

g.-) En la búsqueda de lo justo para la libertad autonómica, no solo los jueces juzgan; la percepción que tengan los justiciables respecto a la funcionalidad del sistema importará la predisposición a la creencia que cualquier orden de re- presentación (en cuanto metáfora) requiere para su imposición y sus posibilidades de eficacia, dentro de los límites fijados .

Al fin, el pensamiento débil se evade de lo apriorístico (tributario del ser incólume parmenideano) tanto como de los consecuencialismos utilitarios.

Desde su perspectiva, uno y otro han sido excesos de la razón y su pretensión conquistadora; lo importante, para él, es el hombre - comprendido en sus deseos, en sus necesidades, en su dolor coexistente y en su resistencia solidaria al mismo-

Hombre que ya no es el optimista *animal racional* que fuera y que -en cuanto debe disponer autonómicamente de su libertad, por el limitado tiempo de su tránsito en la huella común -; ha de entenderse como el centro y el fin de toda imposición de juridicidad .

---

8 ALEXY, Robert; *Teoría de los derechos fundamentales*, trad. de Carlos Bernal Pulido, 2ª ed. en castellano, Centro de Estudios Políticos y Constitucionales, p. 77, Madrid, 2007.

9 NINO, Carlos S., ob. cit. p. 107.

SERÁ FICCIÓN DE HAMLET, NIETZSCHE Y LA (IN)JUSTICIA DEL SER REPRESENTADO. EL DERECHO EN LA SOCIEDAD DESESTRUCTURADA DE OSVALDO R. BURGOS, se imprimió en la república Argentina en febrero de 2018

Made in the USA
Monee, IL
18 October 2026

66035242R00062